보석과 같은 책이다. 여기서 우리는 경건하고 충성스런 한 복음 사역자의 심장이 고동치는 소리를 듣는다. 선을 향한 그의 영향력은 지금까지 그랬던 것처럼 앞으로도 헤아릴 수 없이 클 것이다. 증류된 성경적 지혜, 마음을 후련하게 하는 솔직담백함, 핵심을 찌르는 분별력과 실제적인 행동을 위한 계획으로 가득한 본서는, 혼란에 빠지고 종종 비도덕적으로 가는 현대 교회를 향해 순금과 같은 메시지로 명쾌하고 힘있게 말한다.

-데이비드 잭맨, 프로클레메이션 재단 회장

빼어난 명쾌함, 심오한 관심과 강력한 충언이야말로 존 스토트가 쓴 일련의 위대한 저술 중 이 최신작의 현저한 특징이다. 어디에 있든 그리스도인들은 하나님과 그에게 감사할 것이다.

-딕 루카스,
비숍스게이트 세인트 헬렌 교회의 명예 교구목사

이 책은 오늘의 교회를 위한 활력 강장제다. 처음부터 끝까지, 매혹적인 부록을 포함하여 존 스토트의 모든 페이지는 금쪽과도 같다. 안수 받았건 평신도건, 목사들과 기독교 사역자들은 모든 차원에서 그리고 모든 기독 교파를 막론하고 「살아 있는 교회」를 읽고 토론할 뿐 아니라, 아예 설교로 다시 전할 가치가 있다. 본서는 아주 쉽게 읽을 수 있기 때문에 전 세계의 신학교와 캠퍼스에서뿐만 아니라, 하나님의 백성이 있는 일상적인 가정과 모임에서도 필독서가 되어야 한다.

-리처드 뷰스,
랭햄 플레이스 올 소울즈 교회의 전직 교구목사

성실하고도 엄정한 성경 강해, 명쾌함 그 자체, 폐부를 찌르는 필치, 현대적인 적용을 촉구함, 위대한 지혜, 특히 끝을 무디게 하지 않으면서도 성경의 균형을 단단히 붙잡는 것이야말로 익히 알려진 그의 특성이다.

-본 로버츠,
옥스퍼드 세인트 에비 교회의 교구목사

오늘날 그리스도인들 사이에는, 이 포스트모던 사회 속에서 어떻게 '교회를 할' 것인지에 대해 많은 혼란이 있다. 이 문제로 고심할 때, 우리는 언제나 교회 생활에 대한 성경적 기초에서 시작하여 그것을 문화에 적용해야 한다. 본서 역시 모든 시대에 교회가 보여 주어야 하는 이러한 본질적인 특성을 현대 문화에 적용하기 쉬운 방식으로 제시한다.

－아지스 페르난도, YFC 전국 총무

21세기 교회는 어떤 모습이어야 할지에 대해 의문과 혼란이 넘치는 이 시대에, 「살아 있는 교회」는 아름답게 쓰여졌으며 깊은 영감과 사고를 보여 준다. 이 책을 읽을 때 죽어 가는 세계에 그 손길을 뻗는, 성경에 깊이 뿌리 박힌 교회의 비전을 받게 된다. 이 책을 읽으면서 웃고 울다가, 마침내 나는 하나님 앞에 무릎을 꿇었다. 온맘으로 이 책을 추천한다.

－에이미 오르어윙, RZIM 재커리어스 재단의 훈련소장

많은 사람들에게 교회는 본질적인 정체성을 가진 실체라기보다는 그저 출석하는 모임으로 전락해 버렸다. 그러므로 존 스토트가 특유의 명쾌함으로 기독교 공동체를 고찰한 것은 대단히 중요한 일이다. 그는 오늘날 우리가 당면한 도전들에 대해 성경의 직접적인 대답을 들려준다. 교회의 미래상에 대해 깊이 생각하는 많은 사람들을 위해 때맞춰 나온 이 책은, 삼위일체의 틀 속에서 그러한 논의를 위한 성경적 매개변수(parameter)를 제공한다.

－팀 체스터, 크라우디드 하우스의 교회 개척자

존 스토트는 전 세계 복음주의의 할아버지로 통한다. 그의 이름은 어디에서나 알려져 있고, 그의 저술과 설교가 끼친 영향력에 대해서는 무수히 많은 사람들이 체감해 왔다. 그러한 영향력에 이 책이 한몫을 더할 것이다. 심오한 성경적 진리를 통찰력 있고 명쾌하게 표현하는 그의 방식은 교회로 하여금 자신의 정체성에 대한 의식을 회복하도록 도울 것이다. 교회사의 이 시점에서 그의 자료를 접할 수 있다는 것은 얼마나 대단한 일인가! 본서는 모든 독자, 특히 신세대 설교자와 성경 교사에게 엄청난 도움과 격려가 될 것이다.

－프랭크 레티에프, 남아공화국 영국 성공회 주교

살아 있는 교회

존 스토트 지음 · 신현기 옮김

IVP

IVP(InterVarsity Press)는
캠퍼스와 세상 속의 하나님 나라 운동을 지향하는
IVF(InterVarsity Christian Fellowship)의 출판부로
생각하는 그리스도인을 위한 문서 운동을 실천합니다.

Originally published by InterVarsity Press
as *The Living Church* by John R. W. Stott
ⓒ 2007 by John R. W. Stott
Translated by permission of InterVarsity Press
Norton Street, Nottingham NG7 3HR, England

Korean Edition ⓒ 2009 by Korea InterVarsity Press
156-10 Donggyo-ro, Mapo-gu, Seoul 04031, Republic of Korea

마이클 보겐(Michael Baughen),

리처드 뷰스(Richard Bewes),

휴 파머(Hugh Palmer)에게 이 책을 헌정합니다.

그들은 제 뒤를 이어

런던 올 소울즈 교회의 교구목사로 섬겼고,

동일한 복음주의 전통에 굳게 서 있는 사람들입니다.

■ 약어

NAB   The New American Bible (NT 1970, OT 1969)

NEB   The New English Bible (NT 1961, OT 1970)

NJB   The New Jerusalem Bible (1985)

NIV   New International Version (1973, 1978, 1984)

REB   The Revised English Bible (1989)

RSV   The Revised Standard Version of the Bible
       (NT 1946; 제2판 1971; OT 1958)

RV   Holy Bible, Revised Version (1885)

한글 성경은 "개역 개정판"을 사용하였다.

■ 감사의 글

마이클 보겐과 리처드 뷰스, 그리고 휴 파머에게 감사한다. 세 사람 모두 올 소울즈의 교구목사로 나의 뒤를 이어 주었다. 그들의 우정과 리더십, 그리고 이 책을 그들에게 헌정할 수 있도록 허락해 준 것에 대해 감사한다. 또한 오랫동안 고생한 나의 오랜 비서 프랜시스 화이트헤드(Frances Whitehead)에게 감사한다. 그녀는 세 명의 교구목사 아래서 일하면서도 나를 섬겼고, 본서의 원고를 타이핑해 주었다. 그리고 세 번째로, 나의 연구 조교인 타일러 위그 스티븐슨(Tyler Wigg Stevenson)에게 감사한다. 그는 '교회'에 대해 폭넓게 읽고 많은 제안을 해주었고, 머리말 쓰는 것을 도와주었다.

이 책에서 나오는 모든 저작권료는 랭햄 문서 사역(Langham Literature, 전에는 Evangelical Literature Trust였음)에만 기부하도록 지정되었다. 랭햄 문서 사역은 존 스토트가 창설했고 크리스토퍼 라이트(Christopher Wright)가 대표로 있는 랭햄 파트너십 인터내셔널(Langham Partnership Internatioal: LPI)에 속한 프로그램이다.

랭햄 문서 사역은 세계 전역에 있는 목회자와 산학생과 신학 대학원 도서관을 대상으로 복음주의 서적을 배포하고, 기독교 문서를 여러 지역의 언어로 쓰고 출판하는 일을 육성한다. www.langhampartnership.org를 방문하면 랭햄 문서 사역과 LPI의 다른 프로그램에 대해 더 자세한 정보를 얻을 수 있다.

존 스토트 미니스트리(John Stott Ministries: JSM)는 미국의 LPI 사역으로서, www.johnstott.org를 방문하면 더 자세한 정보를 얻을 수 있다.

차례

추천의 글_옥한흠·홍정길 • 12

머리말: 새롭게 나타나는 교회들 • 17

1. 교회의 본질: 교회에 대한 하나님의 비전 • 23
배우는 교회
돌보는 교회
예배하는 교회
전도하는 교회

2. 예배: 하나님의 성호를 자랑함 • 41
성경적 예배
회중 예배
영적 예배
도덕적 예배

3. 전도: 지역 교회를 통한 선교 • 55
복음 전도의 여러 형태
교회는 그 자신을 이해해야 한다: 교회의 신학
교회는 그 자신을 조직화해야 한다: 교회의 구조
교회는 그 자신을 표현해야 한다: 교회의 메시지
교회는 그 자신이 되어야 한다: 교회의 삶

4. 사역: 열둘과 일곱 • 81
    모든 교인의 사역
    목회 사역
    사도들의 모범(목자)
    거짓 교사들의 침입(이리들)
    백성들의 가치(양무리)

5. 교제: 코이노니아의 의미 • 101
    우리의 공동 유산
    우리의 공동 봉사
    우리의 상호 책임
    몇몇 실제 사례

6. 설교: 다섯 가지 역설 • 115
    성경적인 동시에 현대적인
    권위적인 동시에 잠정적인
    예언적인 동시에 목양적인
    은사인 동시에 공부하는
    깊이 사고하는 동시에 열정적인

차례

7. 연보: 열 가지 원리 • 131
   삼위일체로부터 나옴
   소유에 따라 균등을 실현함
   면밀한 감독과 우호적인 경쟁
   추수의 상징적 의미
   결과: 하나님께 대한 감사

8. 영향력: 소금과 빛 • 151
   소금과 빛의 진리
   사회 변화를 위한 무기들
   기독교적 독특성

결론: 21세기의 디모데를 찾아서 • 169
   삼중적인 호소
   디모데들은 어디에 있는가?

부록: '살아 있는 교회'와 존 스토트의 삶 • 179
   I. 나는 왜 여전히 영국 성공회 교인인가?
   II. 나에게는 살아 있는 교회에 대한 꿈이 있습니다
   III. 어느 여든 살 노인의 묵상

주 • 211

■ 추천의 글 _ 옥한흠, 사랑의교회 원로목사

존 스토트는 일생에 걸친 성경 연구와 목회 경험을 바탕으로, 시대를 막론하여 모든 시대 모든 교회에 적용되는 교회론의 진수를 명쾌하게 보여 줍니다.

일평생에 걸쳐 뜨겁게 교회를 사랑한 목회자이자 성경의 진리를 굳게 믿는 복음주의자인 그의 교회론은 간결하면서도 심오합니다. 깨달음과 함께 행동을 불러일으킵니다. 포스트모던 시대의 교회가 자신을 성찰하고 변화하는 데 더없이 귀한 지침입니다.

이 책을 통하여 한국 교회의 사역자와 평신도 지도자들은 물론 모든 그리스도의 제자가 참된 교회의 정신과 모습을 깨닫고, 참되고 살아 있는 교회를 향한 열망을 품게 되리라 기대합니다.

■ **추천의 글** _ 홍정길, 남서울은혜교회 담임목사

　지금까지 저의 목회 생활에 큰 영향력을 끼친 두 분의 목사님이 있습니다. 한 분은 마틴 로이드 존스 목사님, 한 분은 존 스토트 목사님입니다. 마틴 로이드 존스 목사님은 제가 생각할 수도 없었던 논리로 늘 저를 설복시켰습니다. 그리고 존 스토트 목사님은 꼭 하고 싶은 말이긴 한데 잘 정리되지 않아 어떻게 표현할지 모르는 것들을 명쾌하게 표현해서 저로 하여금 "아, 그렇구나!"라고 감탄하게 만든 분입니다. 마틴 로이드 존스 목사님은 한 번도 뵌 적 없이 책을 통해 만났다면, 존 스토트 목사님은 제가 1984년 런던 바이블 칼리지에 갔을 때 3개월간 그분에게 가르침을 받는 기회를 누린 적이 있습니다.

　'존 스토트' 하면 인생에서 그렇게 매혹적인 사람을 만났던 적이 없었다는 생각이 듭니다. 그분의 삶을 가까이 지켜보면서, 그분

의 정확한 자기 절제력과 균형 감각, 또 어떤 분아에나 열려 있던 마음과 힘든 사람들을 향한 연민에 놀라곤 했던 기억이 납니다.

어느날 존 스토트 목사님은 제게 평생 변하지 않을 지침을 주었습니다. 수업 중 존 스토트 목사님은 학생들에게 각자의 목회에 대해 발표하게 했습니다. 제 차례가 되어 "저는 개척한 지 8년이 되었고 이천칠백여 명의 성도가 모입니다. 처음 목회를 시작할 때는 목회자의 기도 없이 하루를 시작하는 성도가 없도록 새벽마다 한 사람 한 사람의 이름을 부르며 기도했습니다. 그러나 3년이 지나 오백여 명의 성도가 모이자 이것이 힘들어졌습니다. 지금은 성도 한 사람 한 사람을 위해 기도할 수가 없습니다. 이 문제가 늘 마음에 걸립니다"라고 말했습니다. 같은 수업을 듣던 뉴질랜드, 오스트레일리아, 말레이시아, 인도, 남아프리카에서 온 목사님들은 행복한 고민을 한다고 저를 핀잔했습니다. 그때 존 스토트 목사님이 말했습니다. "브라더 홍의 고민은 해야 할 고민이라고 생각합니다. 왜냐하면 목회란 대 목자장 되시는 주님을 원본 삼아야 하는데, 그분은 목회에 대해 요한복음 10장에서, 내 양은 내 음성을 들으며 나는 저희를 알며 저희는 나를 따른다고 말씀하셨습니다. 이것이 무너지면 목회가 아닙니다." 이 말씀은 그날부터 제 마음속 깊이 새겨졌고, 평생 동안 목회의 지침이 되었습니다.

저는 존 스토트 목사님이 교회에 대해서는 어떻게 말씀하실지 늘 궁금했습니다. 어떤 경우에 한국 교회에 대해 상당히 비판적인 시각을 가지고 계셨다고 기억되기 때문입니다. 그러다가 이 책의 출간 소식을 듣게 되었습니다. 원고를 읽으며 '역시 목사님은 우리가 마땅히 목회에서 붙잡아야 할 것을 성경적인 원리로 정확하게 말씀하시는구나'라고 감탄했습니다. 그분의 말씀은 새로운 어떤 원리가 아닌 마땅히 행해야 할 원리입니다. 사실 그리스도인들이 이 땅에서 멸시받는 이유는 어떤 기적과 같은 일을 행하지 못해서가 아니라 마땅히 해야 할 일을 하지 않아서입니다. 마땅한 것을 지키지 못하므로 세상 사람들에게 멸시받을 수밖에 없습니다. 목회 역시 그러합니다. 존 스토트 목사님은 목회 현장에서 특별한 기교나 방법이 아닌 성경의 원리로 하라고 말씀하십니다. 한국 교회, 마땅함을 잃어버렸습니다. 이 책은 우리가 잃어버린 것들을 하나하나 찾아 마땅한 길을 가도록 해줍니다.

또한 이 책은 한국 교회를 비판적으로 바라보는 상한 마음들에게 교회에 대한 깊은 애정을 다시 불러일으킵니다. 그런가 하면 현실에 경도되어 교회의 본질을 타협하려는 사람들에게 교회를 향한 하나님의 시선으로 초점을 맞추게 해줄 것입니다. 교회를 향한 열정을 잃어버린 성도와 목회자들에게 다시 한 번 우리 주님이 기뻐하시는 교회를 향한 꿈을 꾸게 만들 것입니다. 존 스토트 목사님의 탁월한 균형감에 의해 성경의 원리가 아름답게 정리된 이 책은 주님의 교회를 향한 한없는 사랑의 마음을 읽게 합니다.

존 스토트 목사님의 생애 전체를 고백하는 이 책이 한국 교회가 더욱 건전하고 올바른 방향으로 나아가는 데 귀하게 쓰임 받을 줄로 확신합니다.

머리말 새롭게 나타나는 교회들

"현재 영국 성공회 안에서 일고 있는 복음주의의 부흥이 영속적인 영향력을 가지려면, 교회론에 더 분명하게 주목해야 합니다."

캔터베리 대주교 로버트 런시(Robert Runcie)는 제3회 전국복음주의성공회대회(National Evangelical Anglican Congress)를 방문하여 이렇게 말했다. 이 대회는 1987년 노퍽에 있는 카이스터 온 씨(Caister-on-Sea)에서 개최되었는데, 축전(Celebration)으로 불리기도 했다.

로버트 런시의 말은 우리를 여지없이 갈라놓았다. 일부는 고개를 끄덕이며 동의를 표하면서도, 그의 호된 지적이 옳다는 사실을 두려워했다. 그러나 "완고한 개인주의—우리는 이것으로 악명이 높았다—에서 돌아선" 사람들은 격렬하게 이의를 제기했다.[1]

분명한 것은 최근 몇 년 간 교회에 대한 책들이 엄청나게 급증

했다는 사실이다. 예컨대, 나는 이런 책들을 염두에 두고 있다. 「저 건너편의 교회」(*The Church on the Other Side*, 1988, 미션월드라이브러리), 「교회의 맥도날드화」(*The McDonaldization of the Church*, 2001), 「세계를 바꾸고, 교회를 바꾼다」(*Changing the World, Changing the Church*, 2001), 「Next Church—미래 목회의 아홉 가지 트렌드」(*Church Next*, 2001, 교회성장연구소), 「도발적인 교회」(*The Provocative Church*, 2002), 「유동적인 교회」(*Liquid Church*, 2002), 「현재 유행하는 교회」(*Prevailing Church*, 2002), 「선교적 교회」(*The Mission-Shaped Church*, 2004), 「시대를 리드하는 교회」(*The Emerging Church*, 2004, 이레서원), 「비가시적인 교회」(*The Church Invisible*, 2004), 「하나님의 새로운 공동체」(*God's New Community*, 2005), 「민감하게 반응하는 교회」(*The Responsive Church*, 2005), 「이머징 교회」(*The Emerging Churches*, 2006, 쿰란). 이 책들은 오늘날 폭발적으로 쏟아져나오는 대중적인 교회론 서적들 중에서 뽑아낸 일부에 불과하다. 추구자 교회, 목적이 이끄는 교회 등과 관련하여 목록을 계속 늘려갈 수도 있을 것이다.

이러한 책들이 쏟아져나오는 이유는, 교회가 점점 더 현대 문화와 불협화음을 내고 있으며, 변화에 적응하지 않는다면 소멸 위기에 봉착할 것이라는 의식 때문이다. 물론 교회는 죽지 않을 것이다. 사망의 권세라 할지라도 교회를 이기지는 못할 것이라고 예수님이 약속하셨다. 그러나 놀랄 만한 통계들은 하나같이 현재의 위기에 대해 경고하고 있고, '지진을 일으키는' 변화 같은 표현은 이러한 상황을 강조한다.

교회의 소명은 기독교 대항 문화를 개발하는 것이지 세상 흉내나 내는 것이 아니다. 이와 동시에 우리는 세상과 타협해서는 안 되지만, 세상에 민감하게 반응할 수 있도록 세상의 소리들을 경청해야 한다. 예컨대, 영국 성공회의 경우 캔터베리와 요크의 대주교들은 교회를 하나의 역사적 유물로 보는 포스트모던적인 인구가 점점 더 늘어가는 가운데 복음을 적실하게 선포하려는 일환으로 '교회의 새로운 발상들'을 개발하는 일을 지원해 왔다.[2]

포스트모던 세계

예리한 통찰력을 지닌 사회 분석가들은 계몽주의의 모더니즘으로부터 포스트모더니즘이 도래하게 된 문화적 전환에 어떤 요소들이 관련되어 있는지를 요약해 내고자 여전히 노력하고 있다. 포스트모더니즘이란 단어에서 '포스트'(post)라는 접두사는 단순히 '후'(after)를 의미하지는 않는다. 그보다는 계몽주의 시대에 반대하는 저항 그리고 모더니즘의 지적·사회적 체계의 붕괴를 암시한다. 실로 포스트모더니즘은 빨판상어가 상어에게 들러붙어 있듯이 본질적으로 모더니즘에 붙어 기생한다.

모더니즘과 포스트모더니즘 둘 다 극히 다채로운 현상이라는 것을 인식하려면, 대조 목록을 하나 만들어 보는 수밖에 없을 것이다. 일반적으로 모더니즘이 특별히 과학의 냉엄한 객관성 속에서

> 교회의 소명은 기독교 대항 문화를 개발하는 것이다.

인간 이성의 자율성을 선언하는 반면에, 포스트모더니즘은 주관적인 경험의 따스함을 선호한다. 모더니즘이 확실성을 획득할 수 있다고 믿으면서 진리 추구에 매달린다면, 포스트모더니즘은 모든 이데올로기가 동등한 적실성을 갖고 있다고 단언하면서 다원주의와 최고의 가치인 관용에 매달린다. 모더니즘이 사회 진보의 필수불가결성을 선언한다면, 포스트모더니즘은 유토피아적인 꿈의 거품을 바늘로 찌른다. 모더니즘이 자기 중심적인 개인주의를 찬양한다면, 포스트모더니즘은 공동체의 일체감을 추구한다. 모더니즘이 극도로 자기 확신적이고 종종 고대 그리스인들이 '휘브리스'(*hubris*)라고 불렀던 오만한 야심의 잘못이 있다면, 포스트모더니즘은 어떤 것도 확신하지 않으므로 모든 것에 의문을 품을 정도로 아주 겸손하다.

포스트모더니즘의 모더니즘 비판에서 그 일부 특성들은 거부되어야 하지만, 일부는 인정받아 마땅하며 복음을 위한 새로운 기회를 제공한다. 우리에게는 그 둘을 구별할 분별력이 필요하다.

그렇다면 포스트모던 문화 속의 교회, 즉 '이머징 교회'(emerging church)의 표지는 무엇인가? 대부분의 사람들은 현재 전개되고 있는 내용은 지금으로서는 하나의 운동이라기보다는 대화라는 데 동의한다. 또한 계속 발전하고 있는 상황이기 때문에 매우 신중하며 지나치게 많은 주장을 하지는 않는다.

내가 이 책을 쓰는 동안 나온 책들 중에서, 그러한 교회들에 대한 가장 면밀한 분석서는 풀러 신학대학원의 에디 깁스(Eddie Gibs)와 라이언 볼거(Ryan Bolger) 교수가 쓴 「이머징 교회」인데,

"포스트모던 문화 속에서 기독교 공동체를 창조해 내기"란 부제를 달고 있다. 이 책은 5년 동안의 연구의 열매로서, 저자들은 이 기간 동안 50명 이상의 혁신적인 교회의 지도자들에게 귀기울이면서 그들 자신의 이야기를 끌어내었다.

이러한 포괄적인 조사를 통해 에디 깁스와 라이언 볼거는 지속적으로 나타나는 아홉 가지 '경향' 혹은 '관행'을 밝혀냈는데, 그 중 셋은 나머지 여섯에도 공통적으로 적용되는 '핵심' 관행이었다. 본서에서는 이 세 경향에 한 장씩 할애하였다.

첫 번째는 '예수님의 삶(길)에 동참하는 것'으로서, 산상수훈에서 말씀으로 전해진 예수님의 모범과 가르침에 동참하는 것이다.

두 번째는 '세속 공간을 변혁하는 것'으로서, 모더니즘에 의해 촉진된 성(聖)-속(俗)의 분리를 거부하는 것이다.

> 예수님을 따르고, 이원론을 거부하고, 공동체를 세우는 것은 모든 교회의 특성이어야 한다.

세 번째는 '공동체로 사는 것'으로서, 왕국 혹은 가족 공동체로서 사는 것이다.[3)]

분명 이 세 가지 '핵심' 관행들이 아주 새로운 것은 아니다. 왜냐하면, 예수님을 따르고, 이원론을 거부하고, 공동체를 세우는 것은 모든 교회의 특성이어야 하기 때문이다. 그럼에도 불구하고, 당위는 종종 실제와는 다르다. 많은 교회 구조들이 실제로는 이러한 핵심 관행들을 억제하기 때문에, 이머징 교회들은 그러한 관행들을 재발견하고 새롭게 강조하고 있다.

나는 전통적인 교회들과 '이머징' 교회들이 상대방으로부터 배우고자 서로에게 주의 깊게 귀기울여야 한다고 생각한다. 전자는 우리가 오늘날 전통이라고 인정하는 많은 것들 자체도 한때는 혁명적이었고 심지어 '새롭게 나타나는'(emerging) 것이었음을 인정해야 한다. 따라서 오늘날의 창조적 사고에 대해 열려 있어야 한다. 후자는 새로움 자체를 위해 새로운 것에 집착하는 것을 경계해야 한다. 양자는 서로 덜 의심하고, 덜 깎아내리며, 더 존중하고 개방적일 수 있다. 로완 윌리엄스(Rowan Williams) 대주교의 말마따나, "'교회'의 실재가 현존할 수 있는 여러 방법들이 있기" 때문이다.[4] 그럼에도 불구하고, 참되면서도 살아 있는 교회(living church)의 성격을 항구적으로 규정해 줄 분명하고도 본질적인 표지들은 계속 있어 왔다.

우리에게는 'R.C.' 교회들이 더 많이 필요하다고 나는 종종 말하곤 했다. 이는 로마 가톨릭(Roman Catholic)이 아니라 '급진적인 보수'(Radical Conservative) 교회로서, 성경이 분명하게 요구하는 것을 지킨다는 의미에서는 '보수'지만, 우리가 '문화'라고 부르는 전통과 관습의 조합과 관련해서는 '급진적'인 교회를 말한다. 성경은 불변하지만 문화는 변한다.

본서의 목적은 내가 진정한 혹은 살아 있는 교회라고 부를 교회—자신을 '새롭게 나타나는'으로 부르건 말건—의 여러 특성을 한데 모으는 것이다. 나의 희망은 명백하게 성경적인 이러한 특성들이 어떻게든 보존되어야 함을 보여 주는 것이다.[5]

1 교회의 본질: 교회에 대한 하나님의 비전

살아 있는 교회의 본질적인 표지들을 고찰하기에 앞서 세 가지 가정을 제시하고자 한다.

첫째, 우리는 모두 교회에 헌신한다. 우리는 그리스도의 사람일 뿐 아니라 교회의 사람이기도 하다. 우리는 그리스도에게 헌신할 뿐 아니라 그리스도의 몸에도 헌신한다. 사실이야 어떻든 우리가 최소한 그래 주기를 소망한다. 독자들 가운데 기괴한 변종 즉 교회 없는 그리스도인(unchurched Christian)은 아무도 없으리라 믿는다. 신약 성경은 그러한 사람을 전혀 알지 못한다. 교회는 하나님의 영원한 목적 한복판에 있기 때문이다. 교회는 하나님이 나중에 생각해 내신 것이 아니다. 교회는 역사의 우연이 아니다. 오히려 교회는

> 교회는 하나님의 영원한 목적 한복판에 있다.

하나님의 새로운 공동체다. 영원한 과거에 마음속에 품으셨고, 역사 속에서 실행하시며, 영원한 미래에 완성하실 하나님의 목적은 단지 고립된 개인들을 구원하여 우리의 고독을 영속시키는 것이 아니라, 그분의 교회를 세우시는 것, 즉 그분의 영광을 위하여 세상으로부터 한 백성을 불러내시는 것이기 때문이다. 그리스도가 우리를 위해 죽으신 것은, "모든 불법에서 우리를 속량"하실 뿐 아니라 "우리를 깨끗하게 하사 선한 일을 열심히 하는 자기 백성이 되게 하려 하심"이다(딛 2:14). 그러므로 우리가 교회에 헌신하는 이유는 하나님이 그렇게 헌신하시기 때문이다. 사실 우리는 제도 교회의 어떤 측면들에 대해 만족하지 못할 뿐 아니라 심지어 환멸을 느낄 수도 있다. 그러나 우리는 여전히 그리스도와 그분의 교회에 헌신한다.

둘째, 우리는 모두 교회의 선교에 헌신한다. 한편으로 우리는 교회가 이중적인 정체성을 갖고 있다고 믿는다. 우리는 하나님께 속하도록 세상 속에서 부름받았고, 다른 한편으로는 증거하고 섬기도록 세상 속으로 다시 보내진다. 더구나 교회의 선교는 그리스도의 선교를 모델로 삼는다. 그분이 친히 그렇게 말씀하셨다. "아버지께서 나를 보내신 것같이, 나도 너희를 보내노라"(요 20:21). 그분의 선교는 성육신을 의미했다. 그분은 안전하게 면역된 자신의 천국에 머물지 않으셨다. 오히려 섬기기 위해 자신에게서 영광을 비우시고 자신을 낮추셨다. 그분은 실제로 우리의 세상 속으로 들어오셨다. 우리의 본성을 취하셨고, 우리의 삶을 사셨고, 우리의 죽음을 죽으셨다. 실제로 그분이 하셨던 것보다 더 가깝게 우리와 동일시되는 길은 없을 것이다. 그것은 정체성을 전혀 잃지 않으면서도 완전한 동일시였다. 이는 그분이 그 자신이기를 포기하지 않으시면서 우리와 같아지셨기 때문이다. 그분은 하나님이기를 포기하지 않으시면서도 인간이 되셨다.

그리고 이제 그분 자신이 우리 세계로 들어오셨던 것처럼, 우리를 불러 다른 사람들의 세계로 들어가라고 하신다. 모든 진정한 선교는 성육신적인 선교다. 우리는 다른 사람들의 사회적·문화적 현실로 들어가라는 부르심을 받는다. 그것은 복음에 대한 그들의 오해를 이해하려고 애쓰면서 그들의 사상 세계 속으로 들어가고, 우는 자들과 함께 울면서 그 소외의 고통 속으로 들어가라는 부르심이다. 그리고 이 모든 일 가운데, 우리의 기독교적 신념과 가치와 기준을 타협하지 않아야 한다.

셋째, 우리는 모두 교회의 개혁과 갱신에 헌신한다. 세계의 여러 지역, 특히 아프리카와 아시아와 라틴 아메리카의 중요 지역들에서 교회는 급속히 성장하고 있다. 비록 그 성장이란 것이 도처에 넘쳐나는 제자도에 대한 피상성으로 인해 깊이보다는 규모의 성장이긴 하지만 말이다. 어쨌든, 그럼에도 불구하고 교회는 성장하고 있다. 그러나 지나친 일반화일지 모르지만 세계의 다른 지역, 특히 서구에서는 교회가 성장하고 있지 않다. 교회의 발전은 멎었다. 교회의 물은 고여 있다. 교회의 숨은 퀴퀴하다. 교회는 갱신이 아니라 부패 상태에 있다. 우리는 교회가 하나님의 말씀과 성령으로 계속해서 개혁되고 갱신되는 것을 보게 되기를 갈망한다.

지금까지 (교회와 교회의 선교, 그리고 교회의 갱신에 대한) 우리의 삼중적인 공통의 헌신에 대해 고찰해 보았으므로, 이제 근본적인 질문을 던질 준비가 된 셈이다. 자신의 교회에 대한 하나님의 비전은 무엇인가? 살아 있는 교회의 두드러진 표지들은 무엇인가? 이러한 질문에 답하기 위해, 우리는 시초로 돌아가서 오순절에 처음으로 성령에 충만했던 예루살렘 교회를 새로운 눈으로 살펴보아야 한다. 그럴 때 반드시 현실적이어야 함을 명심하라. 이는 초대교회를 이상화하거나 낭만화하는 경향이 있기 때문이다. 우리는 색안경을 끼고 초대교회를 본다. 초대교회가 마치 아무런 흠도 없었던 것처럼 그들에 대해 부드럽게만 말한다. 그러나 그럴 경우 오늘날의 교회를 곤경에 빠뜨리는 것처럼 1세기 교회를 곤경에 빠뜨렸던 경쟁과 위선과 부도덕과 이단들을 놓치게 된다.

> 자신의 교회에 대한 하나님의 비전은 무엇인가?

그럼에도 불구하고 분명한 것이 하나 있다. 그들의 모든 부절제와 실패에도 불구하고 초대교회는 성령에 의해 급진적으로 동요했다. 그렇다면 초대교회는 어떤 모습이었는가? 초대교회는 성령의 임재와 능력에 대해 어떤 증거를 보여 주었는가? 누가가 사도행전 2장에서 언급한 본질적인 요소들을 주의 깊게 바라보면서 이 질문들에 답할 수 있다면, 우리는 오늘날 살아 있는 교회의 표지들을 식별할 수 있을 것이다. 누가는 네 가지 표지에 초점을 맞춘다.

그들이 사도의 가르침을 받아 서로 교제하고 떡을 떼며 오로지 기도하기를 힘쓰니라. 사람마다 두려워하는데, 사도들로 말미암아 기사와 표적이 많이 나타나니, 믿는 사람이 다 함께 있어 모든 물건을 서로 통용하고, 또 재산과 소유를 팔아 각 사람의 필요를 따라 나눠 주며, 날마다 마음을 같이하여 성전에 모이기를 힘쓰고, 집에서 떡을 떼며 기쁨과 순전한 마음으로 음식을 먹고, 하나님을 찬미하며 또 온 백성에게 칭송을 받으니, 주께서 구원받는 사람을 날마다 더하게 하시니라(행 2:42-47).

배우는 교회

누가가 선택한 첫 번째 특성은 매우 놀랍다. 나는 우리라면 그 특성을 선택하지 못했으리라 생각한다. 살아 있는 교회는 배우는 교회(learning church)라는 것이다. "그들이 사도의 가르침을 받아"(42절).

> 초대교회는 성령에 의해 급진적으로 동요했다.

성령이 그날 예루살렘에 학교를 하나 여셨다고 말할 수도 있을 것이다. 그 학교의 교사는 사도들로서, 예수님이 임명하시고 훈련시키신 사람들이었고, 학생들이 3천 명이나 되었다! 매우 주목할 만한 일이었다.

우리는 성령으로 충만한 이 새로운 회심자들이 신비한 경험이나 즐기면서 자신의 지성을 무시하거나, 신학을 경시하거나, 사고하기를 멈춰 버린 것이 아니라는 데 주목한다. 반대로 "그들은 사도들의 가르침을 듣기 위하여 지속적으로 모였다"(REB). 그러므로 나는 반지성주의와 성령 충만이 양립 불가능하다고 주저 없이 말한다. 성령은 누구신가? 그분은 '진리의 성령'이시다. 이 말은 예수님이 그분을 즐겨 묘사하신 표현 중 하나였다. 그러므로 이것은 진리의 성령이 일하시는 곳이면 어디서든 진리가 중요하다는 논거를 지지한다.

첫 기독교 신자들에 대해 더 살펴보자. 그들은 자신이 성령을 받았기 때문에, 성령만이 유일한 교사이며, 인간 교사들 없이도 지낼 수 있다고는 생각하지 않았다. 전혀 그렇지 않았다. 그들은 예수님이 사도들을 교회의 교사로 부르셨다는 것을 인정했다. 그래서 사도들의 발 앞에 앉았다. 그들은 할 수 있는 한 모든 것을 배우는 데 힘썼다. 그리고 그들은 사도들의 권위에 복종했는데, 덧붙여 말하자면 그것은 기적들로 인해 그 진정성이 입증된 권위였다. 만일 42절이 사도들의 가르침에 대해 언급한다면, 43절은 그들의 많은 표적과 기사들을 언급하니 말이다. 실로 성경 전체에 나타난 기적들은 계시의 새로운 국면에서 그 진정성을 인증하는 것이 주요 목적이었으며, 특히 구약의 선지자들과 신약의 사도들이 여기에 해당된다. 그래서 사도 바울은 자신의 기적들을 "참 사도의 증거들"(고후 12:12, RSV)이라 말할 수 있었다.

그렇다면 이 모든 것을 어떻게 적용할 수 있을까? 우리 자신과 교회를 사도들의 가르치는 권위에 복종시키는 일이 어떻게 가능한가? 우리는 오늘날의 교회에는 사도들(apostles)이 없다고 주장

> 진리의 성령이 일하시는 곳이면 어디서든 진리가 중요하다.

해야 하니 말이다. 오늘날에도 분명히 주교, 감독, 교회 개척자, 개척 선교사들이 있고, 아마도 그들의 사역에 '사도적'(apostolic)이라는 형용사를 붙일 수 있을 것이다. 그러나 사도라는 명사는 '열둘'과 바울, 그리고 아마도 야고보를 위해서 남겨 두는 게 현명할 것이다. 최소한 나의 오순절파 친구들—그들 중 일부는 '사도'라는 직책을 가졌노라고 주장하지만—도 오늘날의 교회에는 (사도 요한이 죽은 이래로 줄곧) 사도 바울, 요한, 베드로, 야고보에 견줄 만한 권위를 가진 사람이 없다는 데 나와 의견을 같이한다. 만일 오늘날에도 사도가 있다면, 우리는 그들의 가르침을 신약의 가르침에 덧붙여야만 할 것이다.

초대교회는 이것을 잘 이해했다. 시리아 안디옥의 주교 이그나티우스를 보자. 학자들은 그의 죽음을 대략 주후 110년으로 잡는다. 그는 그리스도인으로서 사형 선고를 받고 처형을 받으러 로마로 이송되고 있었다. 그 행로에서 그는 로마, 에베소, 서머나, 트랄레스에 있는 교회 등으로 일곱 통 혹은 그 이상의 편지를 썼다. 그는 편지들에서 여러 차례 다음과 같은 확신을 표현했다. "나는 여러분에게 베드로와 바울처럼 명령하지는 않습니다. 왜냐하면 그들은 사도들이었지만, 나는 단지 사형수에 불과하기 때문입니다." 그는 주교—이는 군주적 주교직(monarchial episcopate)의 출현을 보여 주는 최초의 증거 중 하나다—일지언정 사도는 아니었다.

그러므로 내 질문을 되풀이한다. 만일 오늘날의 교회에 베드로나 바울에 견줄 만한 사도들이 없다면, 우리는 어떻게 사도들의 가르치는 권위에 복종할 수 있겠는가? 그 대답은 명확하다. 사도들의 가르침은 신약 성경 속에서 찾을 수 있다. 신약 성경을 통해 그들의 가르침이 최종적인 형태로 우리에게 전해져 왔다. 이것이 바로 진정한 '사도적 계승'(apostolic succession)으로서 사도적 교리의 지속성을 의미하며, 이는 신약에 의해 가능해졌다.

1958년 램버스 회의(Lambeth Conference)에서 세계성공회공동체 주교들이 그와 유사한 선언을 했다. 성경에 대한 그들의 선언문에는 이렇게 나와 있다.

> 살아 있는 교회는 배우는 교회다.

교회는 성경 '위'가 아니라 성경 '아래'에 있다. 이는 정경화 과정이 교회가 그 책들에게 권위를 수여하는 식이 아니라, 교회가 그 책들이 권위를 갖고 있음을 인정하는 식이었다는 의미에서 그렇다. 왜 그러한가? 그 책들은 주님의 삶과 가르침과 죽음과 부활에 대한 사도들의 증거와 이 사건들에 대한 사도들의 해석을 전달해 주는 것으로 인정되었다. 교회는 그러한 사도적 권위에 언제나 굴복해야 한다.[1]

그러므로 우리는 무엇보다도 먼저, 살아 있는 교회는 배우는 교회 즉 사도들의 가르치는 권위에 복종하는 교회라고 단언한다. 살아 있는 교회의 목사들은 강단에서 성경을 강설한다. 살아 있는 교회의 부모들은 가정에서 자녀들에게 성경의 내용을 가르친다. 살아 있는 교회의 교인들은 그리스도인의 제자도에서 성장하기 위해 매일 성경을 읽고 묵상한다. 하나님의 성령은 하나님의 백성이 하나님의 말씀을 존중하도록 인도하신다. 사도들의 가르침에 충성하는 것은 참되면서도 살아 있는 교회의 첫 번째 표지다.

돌보는 교회

살아 있는 교회의 첫 번째 표지가 배움이라면, 두 번째 표지는 교제(fellowship)다. "그들이 … 교제 … 하기를 힘쓰니라." '교제'는 헬라어로 '코이노니아'(*koinonia*)인데, 코이노니아는 그리스도인의 공동적인(*koinos*) 삶으로서 우리가 신자로서 공유하는 것이다. 제5장에서 충분히 살펴보겠지만, 코이노니아는 두 가지 상보적인 진리, 즉 우리가 함께 **공유하는** 것(share in)과 함께 **나누는** 것(share out) 둘 다를 증거한다. 그리고 여기에서 누가는 바로 이 후자에 강조점을 둔다.

> 믿는 사람이 다 함께 있어 모든 물건을 서로 통용하고(*koina*), 또 재산과 소유를 팔아 각 사람의 필요를 따라 나눠 주며(행 2:44-45).

이것은 난해한 구절로서 재빨리 그냥 건너뛰는 종류의 말씀이다. 이 구절의 의미는 무엇인가? 살아 있는 교회라면 모두 수도원 공동체가 될 것이고, 성령 충만한 신자들이라면 모두 초대교회 신자들의 예를 말 그대로 따라야 한다고 가르치는 것인가?

당시 예루살렘에서 동쪽으로 수 킬로미터 떨어진 지역에서, 쿰란 공동체의 에세네파 지도자들은 재산의 공동 소유에 헌신했고, 새로운 회원들은 입회할 때 자신의 모든 돈과 소유를 공동체에 양도했다. 그렇다면 예수님은 모든 제자가 그들의 예를 따라 자신의 재산과 소유를 팔고 수입을 공유할 것을 의도하셨는가? 비록 18세기의 모라비안 가운데 후터파 형제교도들만 공동 소유권을 의무화했지만, 16세기의 '급진 개혁주의자'들이었던 재세례파는 사도행전 2:44-45과 4:32-37 그리고 '재산 공동체'에 대해 많은 논의를 했다.

분명히 예수님은 제자들 중 일부를 전적이고 자발적인 가난으로 부르셨다. 이것은 복음서에서 부자 청년 관원을 부르신 사건을 보면 분명히 알 수 있다. 예수님은 그에게 "네 있는 것을 다 팔아 가난한 자들을 주라"(막 10:21)고 말씀하셨다. 이것은 또한 아시시의 프란체스코와 마더 테레사, 그리고 그녀와 함께 일하는 수녀들의 소명이었다. 이는 인생이 소유의 넉넉함에 달려 있지 않음을 세상에 증거하라는 소명일 것이다(눅 12:15을 보라).

그러나 예수님을 따르는 모든 사람이 그러한 부르심을 받은 것은 아니다. 사유 재산을 금하는 것은 마르크스주의의 교리지 기독교의 교리가 아니다. 더구나 예루살렘에서조차 팔고 바치는 것은 자발적이었다. 사도행전 2:46에는 그들이 "집에서 떡을 떼었다"는 내용이 나온다. 그들의 집에서라고? 나는 그들이 자신의 집을 가구 및 소유와 함께 이미 팔았다고 생각했다. 그런데 아니었다. 분명히. 일부는 여전히 그들이 만나는 장소인 집을 소유하고 있었다. 그리고 사도행전 5장에서 아나니아와 삽비라 이야기를 보면, 그들의 죄는 욕심이 아니라 기만이었다. 그들은 자기들이 판 금액의 일부를 도로 취하고서는 모든 것을 다 드린 것처럼 가장했다.

"땅이 그대로 있을 때에는 네 땅이 아니며 판 후에도 네 임의로 할 수가 없더냐?"(행 5:4) 이와 마찬가지로 모든 그리스도인은 자신의 돈과 소유에 대해 어떻게 할지 하나님 앞에서 양심적인 결정을 내려야 한다.

그럼에도 불구하고, 비록 우리가 전적인 가난으로 부름받은 적이 없다는 데 안도의 한숨을 내쉴지도 모르지만, 우리는 이 구절이 주는 도전을 회피해서는 안 된다. 초기 그리스도인들은 서로 사랑했는데, 성령의 첫 번째 열매가 사랑이므로 이는 그리 놀랄 만한 일이 아니다(갈 5:22). 특별히 그들은 가난한 형제자매들을 보살폈고, 자신의 재산을 그들과 공유했다. 이러한 자발적인 기독교적 나눔의 원리는 분명히 영속적인 것이다. UN 통계에 따르면, 빈곤 인구(하루 1달러 이하로 살아가는 사람들)는 10억 명 가량이다. 기아와 기아 관련 원인으로 죽는 사람은 하루 평균 24,000명 가량이라고 한다. 이러한 통계를 접하면서 우리는 어떻게 살아가야 하겠는가? 많은 가난한 사람들이 우리의 형제자매들이다. 성령은 자기 백성에게 인정 어린 사회적 양심을 주신다. 그러므로 풍족한 환경에서 사는 우리는 검소한 생활 방식을 실천해야 한다. 그렇게 해야 하는 이유는, 이를 통해 세계의 거시 경제 문제가 해결될 것이라는 생각 때문이 아니라 가난한 사람들과의 연대 때문이다.

그러므로 살아 있는 교회는 돌보는 교회(caring church)다. 관

> 관대함은 항상 하나님 백성의 특성이었다.

대함은 항상 하나님 백성의 특성이었다. 우리의 하나님은 너그러우신 하나님이시므로, 그분의 교회 역시 너그러워야 한다.

예배하는 교회

초대교회의 세 번째 특성은 예배다. 그들은 문자 그대로 "떡을 떼며"(아마도 식사 교제를 포함했겠지만, 성찬 혹은 주의 만찬과 관련된 것이 확실하다) "기도하기"에 전념했는데, 이 기도는 개인 기도가 아니라 기도회와 기도 예배를 의미했다. 초대교회의 예배에 대한 이러한 요약을 보면서 놀라게 되는 것은, 이들의 예배가 두 가지 점에서 균형 잡혀 있다는 사실이다.

첫째, 그들의 예배는 공식적이면서도 비공식적이었다. 46절에 의하면, 그들은 "성전에 모이기를 힘쓰고 집에서 떡을 떼었다." 그들이 즉각적으로 제도적인 교회를 폐지하지 않았다는 사실에 주목할 수 있다. 그들이 복음에 따라 제도적인 교회를 개혁하려고 갈망했음은 의심의 여지가 없다. 그리고 그들은 이미 성전의 희생 제사가 그리스도의 희생 제사 속에서 성취되었음을 이해하고 있었다. 그럼에도 그들은 전통적인 성전 기도 예배에 지속적으로 참석했다(행 3:1을 보라). 그 기도 예배는 어느 정도 공식성을 갖추고 있었는데, 그들은 그 예배를 집에서 모이는 더 비공식적인 모임으로 보충했다. 이 비공식적인 모임에는 그들의 독특한 기독교적 예배인 성찬이 포함되었음이 분명하다.

여기서 배워야 할 중요한 교훈이 하나 있다. 젊은이들은 전통으로 내려오는 교회 구조에 대해 참지 못하는 경향이 있는데, 일부 교회가 지나치게 보수적이고 변화에 대한 저항이 크다는 면에서 이런 경향을 이해할 만하다. 어쩌면 교회들이 진흙 속에 빠져 있는데, 그 진흙이 콘크리트처럼 굳어 버렸다고 말할 수도 있다. 그러한 교회들이 아주 좋아하는 신조는 이런 것 같다. "처음에 그랬던 것처럼, 지금도 그렇고, 영원히 그럴지니, 끝없는 세상이여. 아멘." 물론 젊은이들에게 귀기울여야 한다. 그러나 교회 제도에 관한 성령의 방식은 성급한 거부보다는 참을성 있는 개혁의 방식이다. 그러므로 구조성과 비구조성을 양극화하지 말아야 한다. 일반화해서 말해도 좋다면, 젊은이들은 가정에서 갖는 더 자연스럽고 자유로운 모임을 선호하는 반면, 나이 든 사람들은 교회에서 갖는 더 공식적이고 위엄 있는 예배를 선호한다. 우리는 상대방이 선호하는 것을 경험할 필요가 있다. 초대교회에는 둘 다 있었고, 우리에게도 둘 다 필요하다. 어떤 규모건 모든 교회는 작은 교제 모임들로 쪼개져야 한다(제5장을 보라).

> 초대교회의 예배는 기쁨이 넘치면서도 경건했다.

둘째, 초대교회의 예배는 기쁨이 넘치면서도 경건했다. 그들에게 기쁨이 넘쳤다는 사실에는 의심의 여지가 없다. 46절 끝의 헬라어 단어는 '아갈리아시스'(*agalliasis*)인데, 이것은 넘치는 기쁨을 표현한다. 하나님은 자기 아들을 세상으로 보내셨고, 이제는 그들의 마음속에 성령을 보내셨다. 그러니 어찌 기쁨이 넘치지 않을 수 있겠는가? "성령의 열매는…기쁨"으로서, 때로는 우리의 교회 전통이 북돋우는 것보다도 더 제약 없이 넘치는 그런 기쁨이다.

　일부 교회의 예배에 참석해 보면, 내가 실수로 장례식에 왔나 싶을 정도다. 모두가 검은 옷을 입고 있다. 아무도 말하거나 웃지 않는다. 찬송은 달팽이나 거북이가 기어가듯 느리게 연주되고, 분위기는 대체로 울적하다. 만일 내가 앵글로 색슨 특유의 신중함을 극복할 수만 있다면, "힘을 내요!"라고 외치고 싶을 정도다. 기독교는 기쁨에 넘친 종교이며, 모든 예배는 축제여야 한다. 제프리 피셔(Geoffrey Fisher) 대주교는 죽기 전에 다음과 같이 말했다고 한다. "나이가 들수록, 나는 기독교가 기쁨의 긴 외침이라는 것을 더욱 확신하게 된다네!"

　또한 초대교회의 예배는 불경건하지 않았다. 그러나 오늘날 일부 교회의 예배가 장례식 같다면, 다른 교회의 예배는 경박하다. 만일 기쁨이 우리 예배의 특성이어야 한다면, 경건 역시 그러해야 한다. 그래서 누가는 "사람마다 두려워하는데"(43절)라고 쓴다. 살아 계시고 거룩하신 하나님이 예루살렘을 찾아오셨다. 하나님은 그들 가운데 계셨고, 그들은 놀라움과 겸비함 가운데 그분 앞에 엎드렸다. 우리는 이것을 예배라 부른다.

　이렇듯 초대교회의 예배는 공식적이면서도 비공식적이고, 기쁨에 넘치면서도 경건했다. 오늘날 우리의 기독교 예배는 이러한 성경적 균형을 회복해야 한다.

전도하는 교회

　지금까지 초대교회의 배움과 교제, 예배를 고찰하였는데, 바로 이 세 가지 행위가 누가가 말한 바 "그들이 힘쓴" 일들이기 때문이다. 그러나 이 세 가지는 교회의 내적 생활의 측면들이다. 그것들은 초대교회가 세상에 대해 동정심을 갖고 나아가는 것에 대해서는 말하지 않는다.

이것은 본문 설교의 큰 위험, 즉 본문을 상황으로부터 분리시키는 위험을 보여 준다. 마치 사도행전 2:42이 교회에 대한 종합적인 설명을 제시하는 것인 양, 지금까지 그 본문에 대해 수백만 편의 설교가 있었다. 그러나 42절 자체만 보면, 지독하게도 균형을 잃은 모습이 나타난다. 42절은 초대교회가 사도들의 발 아래서 공부하고, 공동체 구성원들을 돌보고, 하나님을 예배하는 일에만 관심이 있었다는 인상을 준다. 다른 말로 하면, 초대교회는 자신의 내부 생활에만 사로잡힌 채 게토에서 살면서, 밖에 있는 잃어버린 사람들과 외로운 사람들이 처한 재난은 무시한 듯하다.

그러나 이는 사실이 아니다. 그들은 또한 선교에 헌신했다. 물론 47절에 이르러서야 이를 알 수 있다. 47절은 42절의 불균형을 바로잡아 준다. 이 구절은 그들이 전도에 관여했음을 암시하기 때문이다. "주께서 구원받는 사람을 날마다 더하게 하시니라." 이 구절은 우리에게 초대교회의 전도에 대해 세 가지 진실을 가르쳐 준다.

첫째, 주님 자신(즉, 주 예수님)이 전도하셨다. 그분이 사도들의 선포와 교인들의 일상적인 증거, 그리고 그들의 사랑하는 공동 생활을 통하여 전도하셨다는 사실은 의심할 여지가 없다. 그러나 그분 자신이 전도하셨다. 이는 그분이 바로 교회의 머리시기 때문이다. 비록 주님은 목사들에게 세례를 통하여 가시적인 교회로서 사람들을 받아들일 책임을 위임하시지만, 믿음을 통하여 비가시적인 교회로 사람들을 받아들이는 권한은 그분께 있다. 자기 확신의 시대에 우리는 이 진리로 돌아갈 필요가 있다. 오직 주 예수 그리스도만이 그분의 성령을 통하여 눈먼 자들의 눈을 열어 주실 수 있고 죽은 영혼들에게 생명을 주실 수 있으며, 그분의 교회에 사람들을 더하실 수 있다. 우리는 이것을 겸손하게 인정해야 한다.

둘째, 주님은 두 가지를 함께 하셨다. 그분은 "구원받는 사람을…더하게" 하셨다. 그분은 사람들을 구원하지 않은 채 그들을 교회에 더하지 않으셨고, 교회에 더하지 않은 채 그들을 구원하지 않으셨다. 구원과 교회에 속함은 공존했고, 지금도 여전히 그렇다.

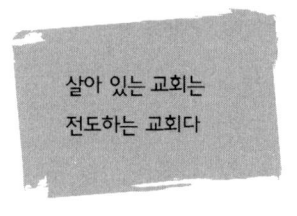

살아 있는 교회는
전도하는 교회다

셋째, 주님은 이 두 가지 일을 '일상으로' 혹은 날마다 하셨다. 초대 그리스도인들은 전도를 이따금씩 하는 행위로 여기지 않았다. 그들은 5년 주기의 선교를 조직하는 데 만족하지 않았다. 그렇지 않았다. 그들의 증거는 그들의 예배처럼 지속적인 일이었다. 그리고 주님은 그들의 증거를 받으시고 영광스럽게 해주셨다. 회심자들이 날마다 더해졌다.

우리는 이러한 간절한 기대를 속히 회복해야 한다. 나는 10년이 넘도록 단 한 명의 회심자도 없는 몇몇 교회를 알고 있다. 어쩌다 회심자가 한 명 생긴다 할지라도, 그들은 그 사람 혹은 그런 일에 대해 어찌해야 할지 모를 것이다. 그러한 현상이 너무나 예외적으로 보일 테니 말이다! 그러나 초대교회는 새신자들이 오리라 기대했고, 그들을 양육할 준비를 갖추고 있었다.

살아 있는 교회의 네 가지 본질적인 표지를 다시 한 번 살펴보면, 모두 신자들의 관계와 관련이 있음을 분명히 볼 수 있다.

첫째, 그들은 사도들과 관계 맺고 있었다. 그들은 사도들의 가르침에 전념했다. 살아 있는 교회는 사도적인 교회다.

둘째, 그들은 서로서로 관계 맺고 있었다. 그들은 서로 사랑했다. 살아 있는 교회는 돌봄과 나눔의 교회다.

셋째, 그들은 하나님과 관계 맺고 있었다. 그들은 떡을 떼고 기도하면서 기쁨과 경건으로 하나님을 예배했다. 살아 있는 교회는 예배하는 교회다.

넷째, 그들은 바깥 세상과 관계 맺고 있었다. 그들은 증거하며 밖으로 나아갔다. 살아 있는 교회는 전도하는 교회다.

몇 해 전 라틴 아메리카의 한 대도시를 방문했을 때, 교회에서 떨어져 나와 자신들을 '갈고리에서 풀려난 그리스도인들'(*Cristianos descolgados*)로 불렀던 그리스도인 학생 집단에 대해 들은 적이 있다. 그들이 교회를 떠난 이유는 그들이 사는 도시의 교회들에 대한 환멸 때문이었다. 그 교회들에는 성경적 가르침과 사회적 관심과 진정한 예배와 긍휼 어린 전도가 없었다. 사실 이야말로 초대교회가 보여 주었고 오늘날 젊은이들이 찾고 있는 바로 그 표지다.

성령은 오순절에 오신 이래 지금까지 결코 교회를 떠나신 적이 없다. 그러므로 우리는 성령을 기다릴 필요가 없다. 이 말은 크리스마스와 성 금요일과 부활절과 승천일이 반복될 수 없는 것처럼, 오순절 역시 반복될 수 없다는 의미다. 예수님은 단 한 번 탄생하셨고, 단 한 번 죽으셨고, 단 한 번 부활하셨고, 단 한 번 승천하셨고, 단 한 번 성령을 보내셨기 때문이다. 그러므로 우리에게 필요한 것은 하나님 앞에서 우리 자신을 낮추고 성령의 충만과 지시와 권능을 구하는 것이다. 그럴 때 우리 교회는 사도들의 가르침, 사랑의 교제, 기쁨에 넘친 예배, 그리고 외부를 향한 지속적인 전도라는 살아 있는 교회의 본질에 최소한이나마 근접하게 될 것이다.

2 예배: 하나님의 성호를 자랑함

흔히 교회의 우선적인 책임은 전도라고 말한다. 그러나 최소한 세 가지 이유에서 그렇지 않다. 첫째, 전도는 이웃에 대한 의무라는 표제 밑에 나온다. 반면에 예배는 하나님에 대한 우리의 의무이고, 하나님에 대한 의무는 이웃에 대한 의무에 우선한다.

둘째, 비록 우리가 모두 기회 있을 때마다 다른 사람들에게 복음을 전해야 하지만, 전도는 또한 일부 사람들에게 주어진 영적 은사 혹은 '카리스마'(*charisma*)다(엡 4:11). 그러므로 모든 그리스도인이 복음 전도자는 아니다. 그러나 모든 그리스도인은 사적·공적으로 예배자다.

셋째, 전도는 잠정적인 행위로서, 주 예수님이 그분의 왕국을 완성하러 오실 때 그치게 될 것이다. 그러나 우리의 예배는 영원토록 계속될 것이다.

만일 그렇다면, 즉 예배가 교회의 우선적인 의무라면, 우리는 분명 예배에 가장 철저한 주의를 기울여야 한다.

그런데 예배란 대체 무엇인가? 물론 우리의 삶 전체가 예배이며, 예배는 우리의 존재 전체로 하나님을 섬기는 것이다. 그렇다면 예배를 어떻게 정의할 수 있겠는가? 아마도 시편 105:3에서 가장 훌륭한 정의를 발견할 수 있을 것이다. 예배한다는 것은 "그[여호와의] 성호를 자랑(glory)"하는 것이다. 하나님의 이름은 하나님이 계시하신 기호다. 그분의 이름은 유일하고, 다른 모든 이름과 구별되며 그 이름들 위에 있으므로 '거룩'하다. 하나님의 크신 이름의 거룩함을 한 번 보기만 해도, 우리는 그 이름이 '영광'과 기쁨을 받기에 합당함

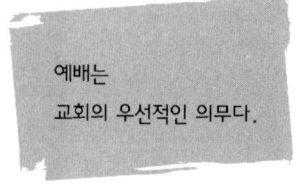

예배는 교회의 우선적인 의무다.

을 알게 된다. 실로 우리는 모든 피조물과 함께 그분이야말로 우리의 찬양을 받으시기에 합당하신 분임을 선언하는 데 동참하게 될 것이다. 그분은 우리의 창조주시요 구속주시기 때문이다(계 5:9-14). 하나님의 존재 때문에, 우리는 "그의 발등상 앞에서 경배"하는 것이 마땅하다(시 99:5). 성경에 따르면 진정한 예배에는 네 가지 주요 특성이 있다.

성경적 예배

첫째, 진정한 예배는 성경적인 예배, 즉 성경의 계시에 대한 반응이다. 우리는 바울이 아덴에서 "알지 못하는 신에게"라고 새겨

진 단을 어떻게 생각했는지 분명히 기억한다. 바울은 철학자들이 알지도 못하고 예배하는 그것을 알려 주겠노라고 계속 주장한다(행 17:23). 알지 못하는 신을 예배하기란 사실 불가능하다. 만일 그 신을 모른다면, 우리는 그를 예배할 수 없고, 이른바 우리의 예배는 우상 숭배로 전락할 수밖에 없다.

결국 기독교의 예배는 '계시에 대한 반응'이라 정의할 수 있을 것이다. 그러므로 공적 예배에서 하나님의 말씀을 읽고 선포하는 것은, 얼토당토않은 것을 억지로 끼워 넣는 것이 아니라 예배의 필요불가결한 측면이다. 하나님 예배를 일깨우는 것은 바로 하나님의 말씀이다. 그래서 16세기 성공회 개혁가들은 "공동 기도서"(Prayer Book)에 교회력과 그에 상응하는 성구집, 즉 일 년 간 매 일요일에 해당하는 일과표(日課表)를 제공했다. 그들은 중세에 유행했던 모든 비성경적인 전설들을 일소했고, 오직 성경의 기도만을 담아냈으며, 이는 옳은 처사였다.

교인들이 자기 성경을 가지고 교회로 오게 하고 좌석에 성경을 비치해 두는 것은 훌륭하고 건전한 관습이다. 일과와 설교 본문이 공표될 때, 사람들이 본문을 찾느라 책장을 넘기는 소리가 자못 크게 들린다.

이런 일이 일어날 때, 백부장 고넬료가 사도 베드로를 자기 집으로 영접했을 때와 비슷한 상황이 연출된다. 그는 베드로에게 말했다. "이제 우리는 주께서 당신에게 명하신 모든 것을 듣고자 하여 다 하나님 앞에 있나이다"(행 10:33).

이러한 수용의 정신은 하나님의 말씀을 듣는 필요 조건이다. 청중과 설교자가 자기 할 바에 임하는 태도에 많은 것들이 달려 있다.

교회에서 일과를 읽는 것은 큰 특권이다. 나는 아주 운 좋게도 학창 시절에 예배당에서 일과 낭독자로 섬길 수 있었다. 하루는 나이 든 그리스도인 남자분이 나의 낭독을 듣다가, 일과 본문인 느헤미야 8:8을 함께 읽었다. "하나님의 율법책을 낭독하고 그 뜻을 해석하여 백성에게 그 낭독하는 것을 다 깨닫게 하니."

하나님의 말씀을 읽는 사람보다 훨씬 더 특권이 있는 사람은 바로 말씀을 설교하도록 위임받은 사람이다. 설교자는 강해자로서, 그의 임무는 성경을 열어 설명하고 적용하는 것임은 말할 나위도 없다(이것이 제6장의 주제다).

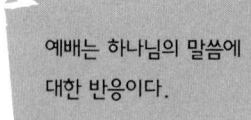

예배는 하나님의 말씀에 대한 반응이다.

우리의 예배는 하나님의 말씀에 대한 반응이므로, 예배 분위기는 해석된 진리의 성격에 따라서 조절되어야 한다.

시편 95편을 예로 들어 보자. 이것은 하나님의 백성에게 하나님을 찬양하라는 권고지만, 중간에서 갑작스런 반전이 일어난다. 이 시편은 여호와께 즐거이 노래하며 우리 구원의 반석을 향하여 즐거이 외치자는 요청으로 시작한다. 그 이유는 무엇인가? "여호와는 크신 하나님이시요", 땅과 바다를 지으신 분이기 때문이다. 그런데 6절에서 분위기가 바뀌어서, 우리는 굽혀 경배하며 여호와 앞에 무릎을 꿇으라는 명을 받는다. 그 이유는 무엇인가? 그분은 우리의 하나님이시요, 우리는 "그가 기르시는 백성이며 그의 손이 돌보시는 양"이기 때문이다. 공적 예배에는, 그분이 **크신** 하나님이시기 때문에 크게 외치고, 그분이 **우리의** 하나님이시기 때문에 굽혀 경배하는 자리가 있어야 한다. 그러므로 마치 성령의 현존이 소리의 크기로 측정되는 것인 양, 모든 찬송과 노래를 포르티시모로 부르는 것은 실수다. 주제에 따라서 세기를 다양하게 조정하면서, 피아노로 혹은 피아니시모로까지 음악을 조율하는 것이 더 적절하다.

회중 예배

둘째, 진정한 예배는 회중 예배다. 물론 어떤 사람들은 여전히 군중 속에서보다는 그들 스스로 하나님을 예배하는 것이 더 쉽다고 말하기도 한다. 그리고 분명히 사적이고 개인적인 예배가 차지할 자리가 있다. 심지어 시편에서도 그렇다. 그러나 시편 기자들은 공동 예배에 더 초점을 맞춘다. "여호와의 종들아 찬양하라"(시 113:1), "새 노래로 여호와께 노래하며 성도의 모임 가운데에서 찬양할지어다"(시 149:1)가 그 예다. 신약에서도 우리는 이러한 권고를 읽는다.

> 하나님을 기쁘시게 하는 예배는 그분의 백성이 모여 함께 드리는 예배다.

모이기를 폐하는 어떤 사람들의 습관과 같이 하지 말고, 오직 권하여 그날이 가까움을 볼수록 더욱 그리하자(히 10:25).

더욱이 하나님을 기쁘시게 하는 예배는 그분의 백성이 모여 함께 드리는 예배다. 종교 개혁가들은 이 원리가 의미하는 바, 즉 모든 사람이 참여해야 한다는 것을 이해했다. 중세 미사가 성직자들에 의해서 높은 제단에서 거행되고 평신도들은 관망자였던 반면에, 개혁가들은 의도적으로 성단소로부터 예배당 중앙의 회중석 부근으로 내려와 예식을 거행함으로써, 평신도들이 단순한 관망자가 아니라 참여자가 될 수 있도록 했다.

나아가 중세 미사가 라틴어를 사용했던 반면, 종교 개혁가들은 자국어 사용을 주장했다. 성공회 신조 제24조만큼 이것을 명백하게 기술하기는 거의 불가능할 것이다.

사람들이 이해하지 못하는 말로 교회 안에서 공적인 기도를 드리거나 성사를 집전하는 것은 분명히 하느님의 말씀과 초대교회의 관습에 어긋나는 것이다.

그러나 로마 가톨릭 교회는 제2차 바티칸 공의회(1965)의 법적 규정 전까지는 라틴어 사용을 계속 유지했다.

크랜머(Cranmer) 대주교는 자신의 기도서가 "**공동** 기도서" (Book of *Common* Prayer)가 될 것임을 의식했다. 그는 회중이 함께 말하는 몇몇 형식—예컨대, 총고해, 주의 기도, 사도신경, 송영, 총감사, 겸손히 나아가는 기도—을 포함함으로써 평신도들이 여러 예배에 참여하도록 보장했다. 물론 그러한 기도와 형식도 단순한 암송으로 전락할 수 있다. 그러나 즉흥 기도를 하는 동안에는 마음이 산만하게 떠돌 수 있다. 필경 가장 안전하고 나은 방법은 예전적 기도와 자발적인 기도를 결합하고, 음악, 읽과 낭독, 중보기도, 설교를 한 명의 지도자가 독점하는 대신 여러 참여자로 대체하는 것이리라.

우리의 공동 회중 예배는 그리스도의 몸이 지닌 국제적이고 이종 문화적인 특성을 분명하게 드러내야 한다. 예컨대, 로마서 전체는 바울이 그 교회 안에 유대인들과 이방인들 사이에서 존재하는 긴장에 대해 의식하고 있음을 보여 준다. 그래서 15장에서 바울은, 그들이 하나님을 공동으로 예배하는 일에 참여할 수 있도록 하나님이 그들 가운데 '뜻이 같게 하여' 주심으로써, 그들이 "한 마음과 한 입으로 하나님 곧 우리 주 예수 그리스도의 아버지께 영광을 돌리게" 해 달라고 기도한다(롬 15:5-6).

문화를 초월하여 연합된 예배라는 쟁점은 최근 소위 '동일 집단 원리'(HUP: homogenous unit principle)에 대한 논의에서 표면에 드러나게 되었다. 이는 풀러 신학교 선교대학원(Fuller School of World Mission and Church Growth)의 창립자인 고(故) 도널드 맥가브란(Donald McGavran) 박사가 발전시킨 것이다. 자신의 책 『교회 성장 이해』(*Understanding Church Growth*, 1970, 한국장로교출판사)에서 맥가브란은 이 원리를 제시했는데, 그것은 "사람들은 인종, 언어, 혹은 계급 장벽을 넘지 않은 채 그리스도인이 되려고 한다"는 것이다. 이러한 '동일 집단 원리'는 관찰 가능한 사실이다. 그리고 많은 사람들은 한술 더 떠서, 전도에서 특정한 종족 집단(people-groups)에 초점을 맞추는 것이 정당하다고 주장한다.

그러나 그 '동일 집단 원리'가 전도에서 정당하다고 하여, 교회에서도 정당한가? 여기가 바로 논쟁이 일어나는 지점이다. 우리는 동일 집단 교회들 즉 모두가 동일하고 특수한 문화에 속한 교인들의 교회를 환영까지는 아니더라도 용인해야 하는가? 분명 아니다. 예수님이 유대인과 이방인, 남자와 여자, 그리고 종과 자유인 사이의 장벽을 무너뜨리셨기 때문이다. 그리스도가 그러한 장벽을 폐지하신 유일한 공동체에서 우리가 어떻게 새로운 장벽들을 세울 수 있단 말인가?

> 모든 교회는 교회의 통일성과 다양성을 드러내야 한다.

이 주제에 대한 중요한 국제 세미나 하나가 1977년 캘리포니아 주 파사데나에서 개최되었는데, 여기서 풀러 선교대학원의 교수 다섯 명이 만나서 비평가들과 함께 논쟁을 벌였다. 그 세미나 보고서의 제목은 "동일 집단 원리에 대한 파사데나 선언"이다.[1]

모든 참석자는 교회의 근본적인 통일성과 문화의 다채로운 다양성 모두를 인정했다. 문제는 그 둘을 어떻게 조화시키느냐였다. 비록 어떤 동일 집단 교회가 정당하고 믿을 만한 교회일 수 있는 상황이라 하더라도, 그 자체로는 결코 완전한 교회일 수 없다고 할 수 있을 것 같다. 이는 그 교회가 그리스도의 몸이 지닌 보편성과 다양성을 반영하지 못하기 때문이다. 그렇다면, 모든 동일 집단 교회는 교회의 통일성과 다양성을 드러내기 위하여 그 교제권을 넓히기 위한 적극적인 노력을 해야 한다. 예를 들면, 큰 도시 교회를 여러 개의 동일 집단 교회나 하위 교회로 분할함으로써, 따로 예배를 드릴 수도, 모두 모여 예배를 드릴 수도 있다.

특별히 우리는 각 나라와 족속과 백성과 방언에서 아무도 능히 셀 수 없는 큰 무리가 하나님의 보좌 앞에서 구원받고 서 있는 종말론적 비전에 고무되어야 한다(계 7:9-10). 주의 만찬은 하나님 나라에서 벌어질 메시아적 잔치의 극적인 전조가 되어야 한다.

영적 예배

셋째, 진정한 예배는 영적 예배다. 성경은 진정한 예배란 본질적으로 형식과 예전, 의식(儀式)의 문제가 아니라고 자주 강조한다. 우리는 성경이 종교에 대해 비판하는 것을 주의 깊게 들을 필요가 있다. 어떤 책도, 심지어 마르크스와 그의 추종자들이 쓴 책조차도, 공허한 예배에 대해 성경보다 강하게 혹평하지는 않는다. 주전 7, 8세기의 예언자들은 이스라엘 예배의 형식주의와 위선을 노골적으로 비난했다. 그 후 예수님은 그들의 비판을 당시의 바리새인들에게 적용하셨다. "이 백성이 … 입술로는 나를 공경하나, 그들의 마음은 내게서 멀리 떠났나니"(사 29:13; 막 7:6). 그리고 안타깝게도 구약 예언자들과 예수님의 이러한 고발은 우리 자신과 오늘날의 일부 교회에 적용될 수 있다. 너무나 많은 경우에 우리의 예배는 실재 없는 의식이고, 능력 없는 형식이고, 두려움 없는 재미이고, 하나님 없는 종교다. 말콤 머거리지(Malcolm Muggeridge)는 이를 가장 신랄하게 비꼬아 표현한다.

지금까지 하나님의 습격에 대한 가장 효과적인 방어 체제 중 하나는 조직화된 종교였다. 다양한 교회들이 하나님을 떠난 도망자에게 도피처를 제공해 왔다. 그분의 음성은 성가 속에 빠져 버리고, 그분의 냄새는 향에 묻혀 사라지고, 그분의 목적은 신경과 교의와 학위 논문과 사제들의 선언 속에서 모호하고 혼돈스러워졌다. 작은 비밀 집회소 안에서처럼, 거대한 대성당 안에서 혹은 그저 퀘이커들의 정적에 휩싸인 채 인간은 하나님으로부터 벗어날 수 있었다. 부흥사의 화술과 열렬한 찬송, 그리고 한 목소리로 읊조리는 기도가 그랬던 것처럼, 단조로운 성가는 하나님을 가두어 버렸다. 그러한 성가와 울부짖는 소리, 그리고 "극진히 사랑하는 형제들이여, 여러분을 위해 기도하고 간청하는 것은…"하고 소리치는 걸걸한 목소리를 들을 때면, 혹은 인간의 육체가 물려받은 모든 영광이 담겨 있는 아침 태양처럼 빛나는 진지하고 숨김 없는 표정의 옥스팸(Oxfam: Oxford Committee for Famine Relief, 1942년에 발족된 빈민 구제 기관—역주) 사람들의 얼굴을 대하노라면, 하나님께 의지하여 한 밑천 잡으려는 의지를 읽을 수 있었다.[2]

이 시점에서 우리는 공적 예배에서 음악이 차지하는 위치에 대해 조금 더 이야기할 필요가 있다. 가창 및 기악은 모두 하나님을 찬양하는 훌륭한 수단이 될 수 있지만, 하나님은 다음과 같이 외치실 수도 있다. "네 노랫소리를 내 앞에서 그칠지어다! 네 비파 소리도 내가 듣지 아니하리라"(암 5:23).

모든 세대에는 자신의 은사를 발휘하여 하나님을 예배하는 재능 있는 음악가들이 넘쳐났던 것 같다. 유대인의 찬양은 가창과 온갖 다양한 악기로 풍성했다(시 150편을 보라). 기독교의 예배도 그래 왔다. 중세 대성당에서 낭랑하게 울리는 오르간이나, 루터 교회의 예배에서 사용되는 금관악기와 현악기와 관악기, 혹은 오늘날의 기타와 색소폰과 드럼 등 무엇을 생각하건 말이다. 기질과 문화에 따라 선호하는 양식이 각각 다르기 때문에, 나는 고전 음악과 현대 음악 사이에서 판단을 내릴 생각은 없다. 본질적인 것은 찬송과 노래가 담고 있는 성경적인 내용이다. 그리고 우리는 과도한 반복을 피해야 한다. 과도한 반복은 예수님이 산상수훈에서 나무라셨던 '중언부언'으로 쉽게 변질될 수 있다(마 6:7의 *battalogia*). '바탈로기아'는 입만 놀릴 뿐 정신은 관여하지 않는 말을 의미하는 것 같다.

하나님께 영적 예배를 드려야 할 교회의 소명은 오늘날 특히 중요하다. 심지어 '세속적인' 서구에서조차 '영성'에 대한 갈망이 널리 퍼져 있다.

최근의 종교적 동향에서 가장 놀랄 만한 것은 뉴에이지 운동의 부상이다. 뉴에이지는 다양한 신념들의 기괴한 집합으로, 여기에는 종교와 과학, 자연과학과 형이상학, 고대 범신론과 진화론적 낙관주의, 점성학, 심령술, 환생, 생태학과 대체의학 등 다양한 것들이 있다. 간단히 말해서 그것은 물질주의가 인간의 영을 만족시킬 수 없다는 인식이고, 무언가 다른 것 즉 초월적인 실재를 추구하는 것이다. 도처에서 사람들은 이러한 추구를 하고 있다.

이러한 초월성에 대한 추구는 우리를 향한 그리고 우리의 공적 예배의 질에 대한 커다란 도전이다. 우리의 예배는 사람들이 열망하는 것—신비의 요소로서 '영감', 성경적 용어로는 '하나님을 두려워하는 것'이며 오늘날의 용어로는 '초월성'—을 제공하는가? 내가 대답해 보자면, "별로 그렇지 않다." 교회가 그 예배의 심오한 실재를 항상 뚜렷하게 보여 주는 것은 아니다. 특히, 스스로를 '복음주의적'이라고 부르는 우리는 어떻게 예배해야 하는지에 대해 잘 모른다. 우리의 주특기는 복음 전도이지 예배는 아니다. 우리에게는 전능하신 하나님의 위대하심과 영광에 대한 의식이 거의 없는 것 같다. 우리는 경외와 경이로움을 품고 그분 앞에 부복하지 않는다. 우리는 건방지고 경박하며 자존심이 센 경향이 있다. 우리는 예배를 준비하는 수고를 거의 하지 않는다. 그 결과 우리의 예배는 때때로 쬐죄쬐하고, 기계적이고, 피상적이고, 따분하다. 그런가 하면 경솔하다 못해 불경한 지경에 이르기도 한다. 실재를 추구하는 사람들이 흔히 우리를 지나치는 것은 놀랄 일이 아니다!

그렇다면 무엇이 필요한가? 몇 가지를 제안하고 싶다. 첫째, 우리는 하나님의 말씀을 신실하게 읽고 선포함으로써, 하나님의 살아 있는 음성이 그분의 백성에게 다시금 전해져 들리게 해야 한다. 둘째, 우리는 성찬 혹은 주의 만찬을 두려움과 기대하는 마음으로 집행함으로써, (단어를 신중하게 선정하자면) 예수 그리스도의 '실제 현존'(Real Presence of Jesus Christ)을 경험할 필요가 있다. 그분의 현존은 성찬 재료가 아니라, 그분의 백성 가운데 그리고 그분의 식탁에 있다. 그 가운데 예수 그리스도 그분이 객관적이고도 실제로 현존하시는 것이다. 떡을 뗄 때 그분은 자신을 알릴 준비를 하시고, 자신을 주고자 우리를 만나러 오심으로써, 우리가 믿음으로 말미암아 마음속에서 그분으로 먹고살 수 있도록 하신다. 셋째, 하나님의 백성이 야곱과 함께 "여호와께서 과연 여기 계시거늘 내가 알지 못하였도다"(창 28:16)라고 말할 수 있을 정도로, 우리는 신실하게 찬양과 기도를 드려야 한다. 그러면 오늘날 불신자들이 "하나님이 참으로 너희 가운데 계신다"(고전 14:24-25)고 외치면서 엎드려 하나님을 경배할 것이다.

간단히 말하면, 초월을 추구하는 우리 시대의 많은 사람들이 교회 대신 마약, 섹스, 요가, 이교, 신비주의, 뉴에이지, 과학 소설로 향하는 것은 커다란 비극이다. 예배 속에서 진정한 초월을 항상 경험하고, 살아 계신 하나님과의 친밀한 만남을 즐겨야 하는 교회 대신 말이다.

> 성결이 없는 예배는 그분이 증오하시는 것이다.

도덕적 예배

하나님을 기쁘시게 하는 예배에는 또 하나의 주요한 특성이 있다. 참된 예배는 도덕적 예배로서, 우리의 마음속에 있는 것을 표현할 뿐 아니라 올바른 삶을 수반해야 한다. 사무엘은 사울 왕에게 이것을 분명히 표현했다. "순종이 제사보다 낫고 듣는 것이 숫양의 기름보다 나으니"(삼상 15:22).

하나님은 이사야에게 훨씬 더 단도직입적으로 선언하셨다. 그분은 이미 이스라엘의 제사를 수없이 받으셨다. 그러나 그 희생 제사 속에서 아무런 기쁨도 찾지 못하셨다. 실제로 그들의 성회는 그분께 혐오스런 것이어서, 그 기도를 아예 들으려 하지도 않으셨다. 그 이유가 무엇이었는가? 그분은 "너희의 손에 피가 가득하다"고 말씀하신다. 만일 "악행을 그치고…정의를 구하며 학대받는 자를 도와준다면" 그들은 용서받을 것이다(사 1:10-19). 하나님은 종교와 악행과 불의가 뒤섞여 있는 것을 참지 못하신다. 성결이 없는 예배는 그분이 증오하시는 것이었다.

예배에 대해 다룬 이 장을 결론짓는 데 로마서 12장의 시작 부분보다 더 좋은 말씀은 생각나지 않는다. 여기에서 바울은 우리를 기독교적 삶으로 부르면서, 이것을 우리의 '영적 예배'로 묘사하고 있다.

로마서 앞 부분 열한 장 내내 사도는 '하나님의 자비'에 대해 설명해 왔다. 그리고 이제, 우리가 받은 하나님의 큰 자비에 비추어 하나님의 국제적인 가족에 속한 모든 구성원을 향해 바울은 우리의 몸을 하나님께 산 제물로 드리라고 호소한다. 그는 이렇게 몸을 드리는 것을 우리의 '영적' 예배 행위라고 부른다. 그가 사용하는 단어는 '로지코스'(*logikos*)로서, 이는 '합당한'(reasonable, 하나님의 자비에 대한 반응에서 논리적인)이나 '합리적인'(rational, 지적인, 마음과 지성을 드리는, 예식적인 것에 반하는 것으로서 영적인)으로 번역될 수 있을 것이다.

바울이 교회 건물에서뿐 아니라 가정과 일터에서도 드러나는 예배에 대해 생각하고 있었음은 분명하다. 둘 중 어느 하나만 있다면 그것은 균형 잡히지 않은 예배다.

3 전도 : 지역 교회를 통한 선교

 우리는 주후 두 번째 천년기인 20세기의 마지막 10년을 '복음 전도의 10년'으로 선언해야 한다는 아프리카 주교들의 제안과 그에 동의한 주교들에게 매우 깊이 감사하지 않을 수 없다.

 1988년 램버스 대회의 이러한 결정은 복음 전도를 성공회 교회의 과제 중 맨 위에 올려놓았으며, 복음 전도에 대해 우리가 무엇을 알고 무엇을 믿고 있는지를 자문하도록 도전했다. 세계 성공회 공동체 전체가, 지금까지 종종 몸을 사려 왔던 책임 즉 예수 그리스도를 증거하라는 부름에 직면해야 한다는 사실을 발견했으니 말이다.

 성공회 대주교들이 권한 정의에 따르면, 전도한다는 것은 "성령의 능력 안에서 말과 행위로 십자가에 달리시고 부활하신 그리스도의 사랑을 알림으로써, 사람들이 회개하고 그리스도를 자신

의 구세주로 믿고 영접하며, 교회의 교제 속에서 그분을 주로 순종하며 섬기게 하는 것"이다.[1]

복음 전도가 성공회의 에토스에 생소한 것은 아니다. 예컨대, 살리스베리의 주교 존 주월(John Jewel)이 대부분을 썼고 1571년에 출판된 「설교 제2권」(*Second Book of Homilies*)은 다음과 같은 권고를 담고 있다. "만일 어떤 사람이 자신의 신앙을 공개적으로 고백하지 않고, 미래의 위험이 두려워 스스로 숨어들고 얼굴을 붉히며 아무 말 없이 잠자코 있는 그리스도인이라면, 당연히 그 사람 안에 성령의 은혜가 없을 것이라는 의심을 불러일으킬 것이다. 왜냐하면 그는 혀가 묶여서 말하지 않기 때문이다."

복음 전도의 여러 형태

복음 전도는 물론 여러 가지 형태를 취할 수 있다. 예수님이 야곱의 우물에서 사마리아 여인에게 생수를 주시고(요 4:4-15), 빌립이 마차에서 에디오피아 사람 옆에 앉아 예수님의 기쁜 소식을 전한(행 8:26-35) 이후로 성경에는 **개인 전도**에 대한 아주 훌륭한 선례들이 줄곧 있었다. 기회가 주어질 때 겸손한 마음으로, 아직 그리스도를 모르는 우리의 친척, 친구, 이웃, 동료들에게 그리스도를 전하는 것은 여전히 우리의 의무다.

지난 수세기 동안 하나님은 **대중 전도**(복음 전도자가 군중에게 선포하는 것)에 대해서도 두드러지게 복을 내리셨다. 최근 몇몇 텔레비전 전도자들의 망신스런 모습이 있다 하여 이러한 사실을 부인할 수는 없다. 예수님도 갈릴리의 군중에게 하나님 나라의 기쁜 소식을 선포하셨다. 사도 바울 역시 루스드라의 이방인들과(행 14:14-18) 아덴의 철학자들에게(행 17:22-23) 그랬고, 18세기의 영국과 미국에서 웨슬리와 휫필드도 그랬다. 오늘날에도 여전히 여러 나라의 은사 있는 복음 전도자들이 많은 군중에게 효과적으로 선포하고 있다. 물론 그들은 자신의 사역이 교회와 그리스도인들의 적극적인 협력에 달려 있음을 알고 있다. 그리고 세계 도처에는, 자신의 선포를 진지하게 여기는 목사와 평신도들이 있다. 그들은 자신의 회중 가운데 복음을 들을 필요가 있는 비그리스도인들과 명목적인 그리스도인들이 모두 있을 것이라는 사실을 분명히 알고 있다.

그럼에도 불구하고, **지역 교회의 전도**는 오늘날 가장 보편적이고 자연스럽고 생산적인 복음 전파 방식이라고 주장할 수 있다.[2] 이것을 높이 평가하는 주요한 두 가지 이유가 있다.

> 예배는 증거로, 증거는 예배로 이어진다.

첫째, 성경적인 논거 때문이다. 사도 베드로에 따르면, 교회는 하나님께 영적 제사를 드리는(이것이 예배다) "왕 같은 제사장"이자 하나님 찬양을 널리 전파하는(이것이 증거다) "거룩한 나라"다(벧전 2:9-10). 더욱이, 보편 교회의 이러한 책임은 각각의 지역 교회에 위임되었다. 하나님은 모든 기독교 회중을 부르셔서 예배하고 증거하는 공동체가 되라고 하셨다. 이러한 두 임무는 필연적으로 서로를 필요로 한다. 만일 우리가 하나님의 무한한 가치를 인정하고 경모하면서 진정으로 그분을 예배한다면, 우리는 다른 사람들 역시 그분을 경배할 수 있도록 그들에게 그분을 알리지 않을 수 없다. 이와 같이 예배는 증거로, 증거는 예배로 이어지며 끊임없이 순환한다.

데살로니가 교인들은 지역 교회 전도의 훌륭한 사례 하나를 보여 준다. 그들에게 보낸 첫 번째 편지의 시작 부분에서 바울은 이러한 놀랄 만한 연쇄 작용을 보여 준다. "우리 복음이 너희에게…이른 것이[라]…너희는…말씀을 받아…주의 말씀이 너희에게로부터…들릴 뿐 아니라"(살전 1:5-6, 8). 이런 방식으로 지역 교회는 자신이 받은 진동을 반사하고 증폭하는 울림판, 혹은 어떤 메시지를 처음 받고 전달하는 라디오 방송국과 같다. 복음을 들은 모든 교회는 그것을 전달해야 한다. 이것은 여전히 하나님의 최우선적인 복음 전도 방법이다. 만일 모든 교회가 충성했다면, 세계는 오래 전에 이미 복음화되었을 것이다.

둘째, 전략적인 논거 때문이다. 각각의 지역 교회는 특정한 이웃 가운데 있다. 그러므로 지역 교회의 첫 번째 선교 책임은 그 지역에 사는 사람들을 대상으로 해야 한다. 교회는 전략적으로 주변 지역에 닿을 수 있도록 자리잡고 있다. 어느 정당이라도 우리의 가용 건물과 인력을 몹시 부러워할 것이다. 여러 나라에서 교회는 그 나라 전역에 복음을 퍼뜨리기에 충분한 자원들을 갖고 있다.

이렇게 성경 신학과 실제적인 전략을 결합함으로써 지역 교회는 복음 전도의 최우선적인 대행자가 된다.

만일 지역 교회가 하나님이 주신 역할을 수행하고자 한다면, 먼저 네 가지 조건을 충족시켜야 한다. 지역 교회는 교회 자신을 **이해하고**(교회의 신학), 교회를 **조직화하고**(교회의 구조), 교회를 **표현하고**(교회의 메시지), 교회 자신이 **되어야**(교회의 삶) 한다.

교회는 그 자신을 이해해야 한다: 교회의 신학

나는 신학부터 시작하는 데 대한 변명을 할 생각이 없다. 많은 교회들이 병들어 있는 것은 그들이 그릇된 자아상을 갖고 있기 때문이다. 그들은 자신이 누구인지(교회의 정체성)도 무슨 일로 부름받았는지(교회의 소명)도 이해하지 못한다. 우리는 모두 정확한 자아상을 갖는 것이 정신 건강에 얼마나 중요한지 알고 있다. 개인에게 진리라면 교회에도 진리다.

> 많은 교회들이 그릇된 자아상을 갖고 있다.

최소한 교회에 대한 그릇된 상(像) 두 개가 오늘날 널리 유포되어 있다. 첫 번째 그릇된 상은 **종교 클럽**(혹은 **내향적인 기독교**)이다. 이런 시각에 따르면, 지역 교회는 구성원들의 공동 관심사가 어쩌다가 골프가 아니라 하나님이 되었다는 점만 제외한다면 지역 골프 클럽과 유사하다. 그들은 자신을 종교적인 일을 함께 하는 종교적인 사람들로 본다. 또 기부금을 내면서 자신들에게 어떤 특권이 있다는 계산을 한다. 실제로 그들은 클럽 회원의 지위와 편의에 집중한다. 교회는 윌리엄 템플(William Temple) 대주교의 말로 추정되는 통찰력 있는 금언—"교회는 세상에서 유일하게 비회원들의 유익을 위해 존재하는 협동 사회다"—을 분명히 잊어버렸다(혹은 안 적도 없다). 그 대신에 교회는 안으로 자라는 발톱처럼 완전히 내향적이다. 물론 템플은 약간 과장한 잘못이 있다. 신약의 많은 '서로서로' 구절들('서로 사랑하라', '서로 격려하라', '서로의 짐을 지라' 등)이 가리키는 것처럼, 교인들은 서로에 대한 책임이 있으니 말이다. 그럼에도 불구하고, 우리의 최우선 책임은 하나님께 드리는 예배이고 세상 속에서의 선교다.

종교 클럽에 대한 반대 극단은 **세속적인 선교**(혹은 **종교 없는 기독교**)다. 1960년대에 일부 기독교 사상가들은 그들이 교회의 조직적인 자기 중심성으로 보았던 현상에 격앙되었는데, 충분히 이해할 만한 일이다. 교회가 사소한 내부 문제들 속에 너무도 깊이 파묻힌 것처럼 보여서, 그들은 교회를 아예 포기하고 떨어내기로 결심했다. 그들은 하나님의 활동 무대를 교회에서 세속 도시로 옮겼다. 그들은 말하기를, 더 이상 '예배'(worship services)에는 관심이 없고, 오직 '봉사로서의 예배'(worship service)에만 관심을 가지게 되었다고 했다. 그래서 그들은 '종교 없는 기독교'를 발전시키려고 노력했다. 그 안에서 그들은 예배를 선교로, 하나님 사랑을 이웃 사랑으로, 하나님께 드리는 기도를 사람들과의 만남으로 재해석하였다.

대략 40년이 지난 지금, 이 운동을 어떻게 평가해야 하는가? 우리는 이기적인 종교에 대한 그들의 혐오가 정당했다는 데 동의해야 한다. 하나님이 그것에 대해 역겨워하시기 때문에, 우리 역시 그것에 대해 역겨워해야 한다. 그러나 '종교 없는 기독교'란 개념은 균형을 상실한 지나친 반작용이었다. 비록 (지금까지 보아 온 것처럼) 예배와 선교 각각이 서로를 포함하긴 하지만, 우리에게는 그 둘을 혼동할 자유가 없다. 예배 안에는 언제나 선교의 요소가 있고 선교 안에는 예배의 요소가 있지만, 그 둘이 동의어는 아니다.

교회를 이해하는 세 번째 방식이 있는데, 그것은 두 가지 그릇된 상 속에 있는 진리를 결합함으로써 우리에게 하나님을 예배하고 세상을 섬기는 책임이 있음을 인식하는 것이다. 이것이 바로 **교회의 이중 정체성**(혹은 **성육신적 기독교**)이다. 내가 의미하는 교회의 '이중 정체성'(double identity)이란, 교회는 하나님을 예배하도록 세상에서 부름받았을 뿐 아니라 증거하고 섬기도록 세상으로 다시 보냄받은 한 백성이라는 말이다. 이 둘은 실제로 교회의 전형적인 '표지'다. 첫 번째 표지에 따르면, 교회는 '거룩하고' 하나님께 속하고 하나님을 예배하도록 부름받는다. 두 번째 표지에 따르면, 교회는 '사도적'이고 선교를 위해 세상으로 보냄받는다. 달리 표현한다면, 교회는 '거룩한'(세상으로부터 구별됨) 동시에 '세속적'[세상의 가치와 기준에 동화된다는 의미가 아니라, 소위 저승성(other-worldliness)을 부인하는 대신 세상의 삶 속에 깊이 들어간다는 의미에서]이 되라는 하나님의 명령을 받는다고 말할 수 있다. 알렉 비들러(Alec Vidler) 박사는 교회의 '거룩한 세속성'(holy worldliness)을 거론하면서 교회의 이중 정체성을 탁월하게 잡아낸 바 있다.[3]

그러나 우리 주 예수 그리스도 그분보다 더 멋지게 '거룩한 세속성'의 의미를 보여 준 이는 지금까지 아무도 없었다. 그분의 성육신은 '거룩한 세속성'의 완전한 구현이다. 한편으로, 그분은 이 세상 속에 있는 우리에게 오셔서 인간성의 완전한 실재를 몸소 취하셨다. 그분은 몸소 우리의 약함을 입으시고 우리와 같은 존재가 되셨고, 우리가 받는 유혹에 자신을 내어놓으셨다. 보통 사람들과 형제애를 나누셨다. 그들은 간절한 마음으로 그분 주위에 몰려들었다. 그분은 모든 사람을 환영하시고 아무도 멀리하지 않으셨다. 몸소 우리의 슬픔과 죄와 죽음을 함께 느끼고 나누셨다. 다른 한편으로, 우리 같은 사람들과 스스럼없이 섞이시면서도, 그분은 자신의 고유한 정체성을 결코 잃지 않으셨다. 심지어 단 한 순간도 타협하지 않으셨다. 그분은 '거룩한 세속성'을 완성하셨다.

> 교회는 하나님이 부여하신 이중 정체성을 갖고 있다.

그리고 이제 그분은 자신이 세상 속으로 보냄받으신 것처럼 우리를 세상 속으로 보내신다(요 17:18; 20:21). 그분이 우리의 세상 속으로 침투하셨던 것처럼, 우리도 다른 사람들의 세상 속으로 침투해야 한다. 우리는 그들의 사상 세계(복음에 대한 그들의 오해를 이해하려고 노력하면서), 그들의 감정 세계(그들의 고통에 공감하려고 노력하면서), 그리고 그들의 삶의 세계(그들의 사회적 상황—가난, 집 없음, 실업, 차별—의 비참함을 지각하면서) 속으로 침투해야 한다. 마이클 램지(Michael Ramsey) 대주교는 세속 신학에 대해 비평하는 글에서 이것을 잘 설명했다. "밖으로 나가서 공감하는 사랑을 품고 회의자의 의심과 의문을 품은 사람의 질문과 길 잃은 자의 외로움 속에 함께 거하는 한에서만, 우리는 신앙을 진술하고 권하는 것이다."[4] 그러나 이렇듯 큰 희생을 치르며 다른 이들의 세계 속으로 들어갈 때 우리 자신의 기독교적 고결성을 희생해서는 안 된다. 우리는 예수 그리스도의 기준을 오염되지 않게 지키도록 부름받았다.

교회는 그 긴 역사 속에서 거룩한 세속성이라는, 하나님이 부여하신 이중 정체성을 유지해 낸 일이 거의 없었다. 그 대신 양극단 사이에서 우왕좌왕하곤 했다. 때때로 교회는(거룩성을 지나치게 강조한 나머지) 세상으로부터 물러남으로써 선교를 소홀히 했다. 그런가 하면 (세속성을 지나치게 강조한 나머지) 세상의 관점과 가치를 흡수하여 세상에 동화됨으로써 거룩성을 소홀히 했다. 그러나 교회가 그 사명을 완수하려면, 자신의 두 가지 소명에 신실하게 반응하고 자기 정체성의 두 부분을 유지해야 한다.

그렇다면 '선교'는 세상 속에 있는 교회에 대한 성경적 교리에서 나온다. 만일 우리가 하나님의 거룩하고 독특한 백성인 '교회'가 아니라면, 우리는 타협한 셈이므로 말할 내용이 아무것도 없다. 다른 한편, 만일 우리가 세상의 삶과 고통에 깊이 참여하며 '세상 속에' 있지 않다면, 우리는 고립된 셈이므로 섬길 대상이 아무도 없다. 우리의 소명은 '거룩한' 동시에 '세속적'이어야 한다. 이러한 균형 잡힌 성경적 교회론이 없다면, 우리는 결코 우리의 선교를 회복하거나 완수할 수 없을 것이다.

교회는 그 자신을 조직화해야 한다: 교회의 구조

교회는 교회의 자기 이해를 나타낼 수 있는 방식으로 자신을 조직화해야 한다. 전통적인 교회당 건물에서 모이건, 학교에서 모이건, 극장에서 모이건, 술집에서 모이건, 강당에서 모이건, 집에서 모이건, 교회의 구조는 교회의 신학, 특히 교회의 이중 정체성을 반영해야 한다.

가장 일반적인 잘못은 교회 구조가 '세속성'보다는 '거룩성'을 위해, 그리고 선교보다는 예배와 교제를 위해 갖추어지는 것이다. 이것이 "선교하는 회중 구조를 위한 탐구"란 부제가 붙은 보고서 「남을 위한 교회」(*The Church for Others*, 1968)의 강조점이었다. 이 책의 모든 내용에 동의하지 않더라도, 다음과 같은 이 책의 취지는 충분히 헤아릴 수 있을 것이다.

> 선교하는 교회는 교회 자체의 이익에는 관심이 없다. 즉 선교하는 교회는 남을 위한 교회다.… 이 교회의 중심은 교회 바깥에 있으므로, 선교하는 교회는 '바깥을 향하여'(ex-centredly) 살아야 한다.… 교회는 방향을 세상을 향해 밖으로 돌려야 한다.…우리는 교회가 사람들이 찾아오기를 기대하는 '기다리는 교회'로 발전해 왔음을 인정해야 한다. 교회가 물려받은 구조는 이러한 정적인 관점을 강조하고 구체화한다. 우리는 '오는 구조'(come-structures)를 영구화할 위험에 처해 있다고 말할 수도 있다. '가는 구조'(go-structures)로 그것을 대체하는 대신 말이다. 우리는 하나님의 선교에 대한 참여와 복음의 역동성을 비활동성으로 대체해 왔다고 말할 수도 있다.[5]

더구나 우리의 정적이고 경직되고 자기 중심적인 구조는 이단적인 교회론을 구체화하기 때문에 '이단적인 구조'이다.

영국 성공회의 보고서인 「선교형 교회」(*Misson-shaped Church*)를 읽어 보면, 이 보고서가 '선교적 교회'(missionary churches)란 표현을 수시로 사용하되 이를 특별한 종류의 교회가 아니라 모든 교회의 필수적인 특성으로 시사한 점이 매우 신선하다.

일부 열심 있는 교회들의 프로그램은 교회 기반 활동이 너무 많이 포함되어 있다. 일주일 내내 저녁 프로그램이 마련되어 있다. 월요일 밤에는 위원회가, 화요일 밤에는 친교 모임이 있다. 수요일 밤에는 성경 공부가, 목요일 밤에는 기도회가 있다. 심지어 금요일과 토요일 저녁마저 그럴듯한 이유로 사람들의 시간과 정력을 빼앗아 간다. 그러한 교회들은 교인들을 해악으로부터 벗어나게 하는 것이 주요 목적이란 인상을 준다! 분명 그들은 하루도 거르지 않고 밤마다 교회 일에 바빠 해악 속으로 들어갈 시간도 기회도 없을 것이다!

> 우리의 정적이고 경직되고 자기 중심적인 구조는 '이단적'이다.

이렇게 분주하고 교회 중심적인 프로그램은 얼핏 대단한 것처럼 보이지만 많은 결점과 위험을 안고 있다. 우선 그리스도인의 가정 생활에 해롭다. 부모 모두 혹은 어느 한쪽이라도 집에 거의 없다면 결혼과 가정은 붕괴되게 마련이다. 또한 교인들은 지역 교회에 몰두하느라 지역 사회에 관여하지 못하게 된다. 그러므로 그것은 교회 정체성의 본질적인 부분, 즉 교회의 '세속성'과 모순된다. 미국 연합 감리교회의 리처드 윌키(Richard Wilke) 감독이 말한 대로, "우리의 구조는 세상을 구원하는 수단이 아니라 그 자체가 목적이 되어 버렸다."[6] 만일 그렇다면 그것은 이단적인 구조다.

나는 교인들이 (예배와 교제와 가르침을 위해) 일요일에만 만나고 주중에는 전혀 만나지 않는 것이 아주 건전한 것이 아닌가(비록 내 주장을 관철하려고 과장하고 있긴 하지만) 생각하곤 한다. 그러면 우리는 일요일마다 만나고 주중 나머지 날들에는 흩어질 것이다. 우리는 예배를 위해 그리스도께 나아오고, 그리스도를 위해 선교하며 나아가게 될 것이다. 그리고 일요일과 주중, 모임과 흩어짐, 나아옴과 나아감, 예배와 선교의 리듬 속에서 교회는 교회의 거룩한 세속성을 드러내고, 교회의 구조는 그 이중 정체성에 부합하게 될 것이다.

> 예배를 위해 그리스도께 나아오고, 그리스도를 위해 선교하며 나아가라.

그렇다면 지역 교회는 어떻게 자신을 조직화해야 하는가? 내가 이상적으로 생각하기에는, 각 교회는 5년이나 10년마다 자신을 평가하고 특히 교회의 구조가 그 정체성을 얼마나 제대로 반영하는지 알기 위한 조사를 행해야 한다. 실제로 지역 교회가 그리스도를 위하여 지역 사회에 어느 정도까지 침투하고 있는지 알기 위하여, 지역 사회와 지역 교회 각각에 대한 두 개의 조사를 수행해야 한다. 영국에서는 ACUPA(Archibishops' Commission on Urban

Priority Area: 도시 우선 지역 사역을 위한 주교 위원회)가 이런 생각을 채택하였는데, 이 영향력 있는 보고서의 제목은 「도시 속의 신앙」(*Faith in the City*)이다. 이 보고서는 '지역 교회 분석표'(지역 교회의 정확한 실상을 파악하는)와 '지역 분석표'(지역의 정확한 실상을 파악하는)로 이루어진, 이른바 '지역 교회 검사'를 권한다.7) 나는 이 둘의 순서를 뒤바꾸면 어떨까 싶다.

첫째, 각 교회는 저마다 특수 상황에 처해 있고 그 모든 상황에 익숙해져야 하므로 지역 사회 조사가 필요하다. 이를 위한 설문 조사가 필요한데, 꼭 포함시켜야 할 몇 가지 질문을 들어 보면 다음과 같다.

1. 우리 지역에는 어떤 부류의 사람들이 살고 있는가? 그들의 인종, 국적, 종교, 문화, 미디어 선호, 직업은 어떠한가? 가정, 한 부모 가정, 독신자, 노인, 젊은이들이 있는가? 주거, 고용, 빈곤, 교육 등의 문제와 관련하여 지역의 주요한 사회적 필요는 무엇인가?
2. 우리 지역에는 학교, 대학, 성인 교육 시설, 사설 교습소 같은 교육 시설이 있는가?
3. 우리 지역에는 어떤 상업 시설이 있는가? 공장, 농장, 사무실, 상점, 혹은 스튜디오가 있는가? 실업은 심각한 수준인가?
4. 사람들은 어디에 거주하는가? 개인 주택 혹은 공동 주택에 살고 있는가? 집을 소유하고 있는가, 세를 들어 살고 있는가? 호텔, 호스텔, 학생 주택, 아파트 단지가 있는가?
5. 여가 시간에 사람들은 어디에서 모이는가? 카페나 식당, 술집이

나 나이트클럽, 쇼핑몰, 청소년 클럽이나 기타 클럽, 오락실, 연주회장, 레저 센터, 극장이나 영화관, 스포츠 경기장, 공원 등이 있는가?

6. 어떤 공공 서비스 기관들이 본부를 두고 있는가? 경찰서, 소방서, 감옥, 병원, 공공 도서관, 기타 사회 서비스 기관이 있는가?
7. 교회나 예배당, 유대교 회당, 이슬람 사원, 절, 크리스천사이언스의 독서실 등 다른 종교 건물들이 있는가?
8. 지난 10년 간 지역 사회는 변화되었는가? 다음 10년 간 어떤 변화가 예상되는가?

> 교회가 실제로 교회 자신만을 위해 조직되어 있는가?

두 번째로, 지역 교회에 대한 조사에서는 면밀한 질문들이 필요할 것이다. 그 교회는 실제로 교회 자신만을 위해, 즉 자신의 생존과 편의 그리고 특권 유지를 위해 조직되어 있는가? 그 교회는 교회 자신을 섬기기 위해 조직되어 있는가, 아니면 하나님과 사회를 섬기기 위해 조직되어 있는가? 그 교회를 지역 사회로부터 불필요하게 분리시키는, 교회의 전통과 관습들은 무엇인가? 설문에는 다음과 같은 영역들을 포함시킬 수 있다.

교회 건물. 전통적이건 현대적이건, 소유하고 있건 세들어 있건 상관없다. 교인들은 교회의 내부 장식(미적 요소, 안락함, 문화적 설비)에 가장 관심이 큰 경향이 있다. 그러나 우리는 교회 건물 주위를 외부인의 눈으로 자세히 살펴볼 필요가 있다. 교회 건물은 어떤 인상을 주는가? 그것은 (어둡고 금지되어 있고 엄격한) 요새인가, 아니면 밝고 마음을 끌고 환영하는 인상을 주는가?

한 예로 라틴 아메리카 어느 국가의 수도에 있는 거대한 중앙 광장을 방문한 경험을 말해 보겠다. 광장 한가운데 국가 영웅의 동상이 있었는데, 그는 지난 세기 초에 스페인 정복자들로부터 그 나라를 구한 사람이었다. 광장 한편은 로마 가톨릭 대성당이 온통 차지하고 있었다. 어떻게든 그 안으로 들어가 보려고 했지만, 성당은 닫혀 있었다. 정문으로 이어지는 계단 위에는 세 사람이 있었다. 이미 엄청나게 토한 취객, 시계를 팔고 있는 시각 장애인 거지, 백주대낮부터 행인들에게 접근하고 있는 매춘부. 이들은 인간 비극을 보여 주는 세 가지 상징이었는데, 그들 뒤에는 '출입 금지! 당신은 필요 없음'이라고 말하는 듯 문이 닫힌 대성당이 있었다. 나는 그 문을 닫아야 할 충분한 이유가 있었으리라 생각한다. 그러나 내 관심은 그 장면에서 풍겨 나는 '분위기'에 있다.

또한 교회 건물 내부—내부 장식과 가구, 조명과 난방 시설, 게시판, 게시물, 서적 판매대, 인쇄물—를 비판적으로, 특히 비그리스도인의 눈으로 바라볼 필요가 있다.

교회의 예배 의식. 1세기 유대 회당과 마찬가지로 20세기의 교회에서도 모든 회중의 주변에는 '하나님을 두려워하는 사람들'이 있는데, 그들은 그리스도께 매력을 느끼지만 아직 그분께 헌신하지는 않은 이들이다. 우리의 예배 의식은 오직 헌신된 사람들, 입교인만을 위해 준비된 것이어서 외부인들은 알아들을 수 없는 것은 아닌가? 함께 앉아 있을지 모를 비주류 교인과 비입교인들을 기억하고 있는가? 예배 형식, 전례와 언어, 음악(가사와 선율과 악기), 좌석, 지도자와 회중의 복장 등은 어떠한가? 우리는 이러한 것들이 어떤 메시지를 드러내는지 자문해 볼 필요가 있다.

교회 구성원. 우리의 구성원들은 선교를 위해 동원되는가? 아니면 이것이 불가능할 정도로 교회가 지나치게 성직자중심적(즉, 성직자 주도적)인가? 우리 교회는 그리스도의 몸에 속한 모든 교인의 사역에 대한 신약의 가르침을 이해하고 있는가? 하나의 몸이라기보다, 정점에는 성직자가 있고 밑바닥에는 평신도들이 밀집해 있는 피라미드는 아닌가? 교회의 구성원들은 또한 지역 사회의 구성원인가? 교회 활동에 갇혀 있거나, 지역적 참여가 어렵고 심지어 인위적인 통근 기독교(commuter-Christianity, 교회까지 먼 거리를 오가는)의 모습을 보이고 있지는 않은가?

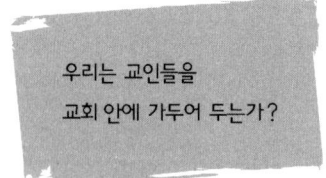
우리는 교인들을 교회 안에 가두어 두는가?

교회 프로그램. 우리는 교인들을 교회 안에 가두어 두는가? 아니면 최소한 그들 중 일부라도(지도자들을 포함하여) 교회에 대한 책임에서 일부러 놓아줌으로써, 그들이 그리스도를 위하여 지역 사회에 적극적으로 참여하도록 격려하고, 관심과 기도로 지원하는가? 우리는 교회의 이중 정체성이라는 성경적 진리를 가르치고 구현되도록 하고, 기독교적 봉사와 증거에 헌신하기 원하는 사람들이 훈련받을 수 있도록 책임을 다하는가?

교회 지도자들(임원, 집사, 혹은 호칭이 무엇이든)은 개별적으로는 물론 서로 협조하면서 (지역 사회와 교회에 대한) 두 가지 조사를 해야 한다. 이러한 검토를 통하여 선교 전략이 나올 것이다. 지도자들은 (참여하기 원하는 다른 사람들과 함께) 장기 및 단기 목표를 수립하고 우선순위 목록을 설정하게 될 것이다. 교회가 그릇된 자아상으로 인해 고통받아 왔으므로, 무엇보다도 먼저 교회의 거룩한 세속성과 그 선교적 의미에 대한 성경적 가르침이 필요하다고 결정할 수도 있다. 또는 전도를 위해 교인들을 구비시키기 위하여 훈련 프로그램을 준비해야 한다고 결정할 수도 있다. 혹은 교인들의 지역 사회 참여를 격려하기 위하여 교회 기반 활동들을 줄여야 한다고 결정할 수도 있다. 교회 건물과 내부 장식과 좌석 혹은 예배 의식을 근본적으로 개조하자는 결정을 내릴 수도 있다. 다른 지역 교회들과 협력하여 지역 전체를 방문하는 일을 조직하자는 결정을 내릴 수도 있다. 혹은 지역의 특수하고 세속적인 영역들에 침투하기 위한 전문가 집단들을 구성하자는 결정을 내릴 수도 있다.

예컨대, 헌신된 그리스도인 젊은이들로 이루어진 한 집단이 지역 나이트클럽을 하나 맡을 수도 있다. 이따금씩 복음 전도단을 보내는 것이 아니라, 그곳에서 모이는 다른 젊은이들과 사귀기 위하여 그들 사이에 들어가 (짝을 지어) 장기간에 걸쳐 정기적으로 그곳을 방문하는 것이다. 또한 교회는 이웃들을 위한 가정 모임, 그 지역의 중립적인 장소에서 여는 일련의 변증적인 강좌, 강력한 복음 전도 메시지가 있는 정기적인 초청 예배를 준비하기로 결정할 수 있다. 교인들에게 친구들을 데려오라고 권면할 수 있을 것이다. 그 지역의 특수한 사회적 필요를 채택하여, 한 그룹이 그에 대해 연구하고 행동 방안을 추천하도록 결정할 수도 있다. 이 모든 결정은 교회가 지역 사회와 동일시되도록 돕고, 진정한 성육신적 선교의 장을 마련하는 구조를 개발하도록 할 것이다.

교회는 그 자신을 표현해야 한다: 교회의 메시지

교회가 그 자신을 이해하고 그에 따라 자신을 조직화하는 것만으로는 충분하지 않다. 지역 교회는 또한 자신의 메시지를 분명히 말해야 한다. 가장 단순하고 기본적인 의미에서 복음 전도는 **복음**(*evangel*)을 나누는 것이다. 그러므로 복음 전도를 정의하기 위하여 우리는 또한 복음을 정의해야 한다.

> 지역 교회는 또한 자신의 메시지를 분명히 말해야 한다.

복음의 본질이 예수 그리스도 그분이라는 사실에는 아무런 의심이 있을 수 없다. 예수님에 대해 말하지 않고 기독교 복음을 전하는 것은 불가능하다. 그래서 빌립은 에디오피아인에게 말하면서 "예수를 가르쳐 복음을 전했고"(행 8:35), 사도 바울은 자신을 "[그의 아들에 관한] 하나님의 복음을 위하여 택정함을 입었다"고 묘사했다(롬 1:1, 3). 더욱이 우리는 예수님을 증거할 때 무엇보다도 먼저 그분의 죽음과 부활에 대해 말해야 한다. 다시 한 번 바울을 인용하여 사도적 복음에 대한 그의 유명한 요약을 살펴보자.

"내가 받은 것을 먼저 너희에게 전하였노니, 이는 성경대로 그리스도께서 우리 죄를 위하여 죽으시고 장사 지낸 바 되었다가, 성경대로 사흘 만에 다시 살아나사, 게바에게 보이시고…"(고전 15:3-5). 복음을 전할 때마다 우리는 반드시 자신의 아들을 선물로 주신 하나님의 사랑을 선언한다. 그분은 우리의 삶을 사셨고, 우리의 죄를 위하여 죽으셨다가 다시 살아나셨다. 또한 복음을 전할 때마다 우리는 회개하고 믿는 모든 사람에게 하나님이 예수 그리스도를 통하여 용서와 자유의 새로운 삶과 하나님의 새로운 사회의 일원이 되는 자격을 주시는 것에 대하여 선언한다. 성공회 대주교들이 추천하는 복음에 대한 정의에는 이러한 본질적인 요소들이 포함되어 있다. "십자가에 달리시고 부활하신 그리스도의 사랑을 성령의 능력 안에서 말과 행동으로 알림으로써, 사람들이 회개하고, 그리스도를 자신의 구세주로 믿고 받아들이며, 그분의 교회의 교제 속에서 그분을 자신의 주로 순종하며 섬기게 하는 것."

그러나 사회는 점점 더 다원주의적으로 되어 가는데, 우리는 이러한 복음을 세계 속에서 어떻게 공식화해야 하는가? 그 복음이 세상과 함께 공명하며 이해될 수 있도록 말이다. 우리가 피해야 할 두 가지 극단이 있다.

나는 첫 번째 극단을 **절대 부동성**(total fixity)이라 부르겠다. 단어와 신조에 속박되어 판에 박힌 복음의 포로가 되어 버린 듯한 일부 그리스도인들이 있다. 그들은 자신들의 메시지를 멋지고 말끔한 포장지로 싸고, 슈퍼마켓에라도 보내는 양, 테이프를 두르고 꼬리표와 가격표를 붙인다. 그리고 나서 자신들이 선호하는 표현(하나님의 나라, 예수님의 피, 인간 해방, 중생, 이신칭의, 그리스도의 우주적 주권 등등)이 사용되지 않는다면, 복음이 전해진 것이 아니라고 단호히 선언한다. 이들은 신약 성경 자체에서 발견할 수 있는 복음의 형식에 풍부한 다양성이 있음을 깨닫지 못한 것 같다. 내가 열거한 표현들은 모두 성경적이다. 그러나 그 모든 표현에는 이미지의 요소가 담겨 있고 각 이미지는 서로 다르기 때문에, 그것들을 단 하나의 단순한 개념으로 융합하기란 불가능하다. 그러므로 경우에 따라 가장 적합하게 보이는 대로 그것들 중 어느 하나 혹은 다른 것을 발전시키는 것은 완전히 타당하다.

반대 극단은 **절대 유동성**(total fluidity)이다. 몇 해 전에 나는 영국의 한 주교가 다음과 같이 말하는 것을 들었다. "진공 상태 속의 복음 같은 것은 없다. 각각의 특수한 상황으로 들어가기까지 당신은 복음이 무엇인지 알지조차 못한다. 당신은 먼저 상황 속으로 들어가야 하며, 그런 다음 그곳에서 비로소 복음을 발견한다." 그가 진공 상태가 아니라 상황 속의 복음을 원했고, 우리가 복음을 각 사람과 상황에 민감하게 관련지어야 한다는 것을 의도했다면, 나는 그에게 완전히 동의한다. 그러나 "진공 상태 속의 복음과 같은 것은 없다"는 말과, 각각의 상황 속에서 "당신은 그것을 발견한다"는 말은 분명 심각한 과장이다. 절대 유동성의 옹호자들이 미처 보지 못한 것은, 신약 성경에는 복음의 형식에 대한 풍부한 다양성도 있지만 이와 함께 서로 다른 형식들을 한데 묶어 주는 (특별히 예수님의 구원하시는 죽음과 부활에 관한) 근원적인 통일성이 있다는 사실이다. 헌터(A. M. Hunter) 교수의 글처럼, "신약 성경에는 모든 다양성을 지배하고 초월하는 뿌리 깊은 통일성이⋯있다."[8]

중도가 있는가? 그렇다, 있다. 지금까지 설명한 양 극단에는 우리가 간직해야 할 중요한 관심사들이 표현되어 있다. 전자('절대 부동성')는, 복음은 하나님이 계시하시고 우리가 받아들인 것임을 온당하게 강조한다. 복음은 '파라도시스'(*paradosis*, 보존해야 할 전통)이자 '파라테케'(*paratheke*, 지켜야 할 기탁물)다. 우리가 고안해 낸 것이 아니므로, 우리는 그것을 편집하거나 함부로 변경할 자유가 없다. 후자('절대 유동성')는 복음이 상황화되어야 한다는, 즉 각각의 특수한 사람과 상황에 적절하게 관련되어야 한다는 것을 온당하게 강조한다. 그렇지 않다면 복음은 부적실한 것으로 인식될 것이다.

아무튼 이제 우리는 이 두 가지 타당한 관심사를 결합하는 법을 배워야 한다. 우리는 고대의 말씀과 현대 세계 사이, 이미 주어진 것과 열린 상태로 남겨진 것 사이, 내용과 상황 사이, 성경과 문화 사이, 계시와 상황화 사이의 변증법을 두고 씨름해야 한다. 우리에게는 성경에 대한 충성과 사람에 대한 민감성이 더 필요하다. 둘 중 어느 하나가 아니라 둘 다 필요하다.

교회는 그 자신이 되어야 한다: 교회의 삶

교회는 하나님의 새로운 사회로서, 복음의 살아 있는 구현이고, 하나님 나라의 표지며, 하나님의 은혜로운 통치 아래 있을 때 인간 공동체가 어떤 모습일지를 보여 주는 것이어야 한다.

다른 말로 하면, 하나님의 목적은 예수 그리스도의 복음이 말로

만 아니라 시각적으로 나타나는 것이다. 대주교들이 정의하는 언어로 하면, 예수 그리스도의 복음은 "말과 행동으로" 알려져야 하는 것이다. 교육가들은 인간이 듣는 것을 통해서 배우기보다 보고 경험하는 것을 통해 배우는 것이 얼마나 더 쉬운지 알고 있다. 좀 더 정확히 말하면, 말과 행동 그리고 듣는 것과 보는 것은 본질적으로 하나의 전체를 이룬다. 이것은 복음 전도에서 분명 그렇다. 사람들은 우리가 전하는 복음이 우리를 변화시켰다는 사실을 눈으로 직접 보아야만 한다. 존 폴튼(John Poulton)이 설명한 것처럼, "그리스도인들은 … 그들이 말하는 바를 직접 보여 주어야 한다. 일차적으로 소통되는 것은 **사람**이지 말이나 관념이 … 아니다. 지금 소통되는 것은 기본적으로 인간적인 신뢰성이다."[9] 우리의 삶이 우리의 메시지와 모순된다면, 우리의 복음 전도는 신빙성을 모두 결여하게 될 것이다. 실로 복음 전도의 가장 큰 방해물은 전도자 자신의 성실성 결여다.

> 교회는 하나님의 새로운 사회여야 한다.

이것이 지역 교회의 삶에 어떤 의미가 있는지 이해하는 데 요한1서 4:12만큼 나에게 도움을 준 본문은 없다. "어느 때나 하나님을 본 사람이 없으되, 만일 우리가 서로 사랑하면, 하나님이 우리 안에 거하시고, 그의 사랑이 우리 안에 온전히 이루어지느니라." 하나님은 보이지 않으신다. 지금까지 하나님을 본 사람은 아무도 없다. 지금까지 인간이 하나님에 대해 본 모든 것은 그분의 영광의

희미한 빛이자 존재의 빛이 발산된 것이다.

그런데 하나님의 비가시성은 신앙에서 하나의 큰 문제다. 구약성경의 유대인들이 그러했다. 이방인 이웃들은 그들이 실제로 보이지 않는 하나님을 예배한다며 조롱했다. "너희들이 야웨를 믿는다고 말하지?" 그들은 유대인들을 비웃었다. "그가 어디에 있지? 우리 신전으로 오면, 우리 신들을 보여 주겠어. 우리 신들은 눈귀와 손발, 입과 코가 있지. 하지만 너희들의 신은 어디에 있지? 우린 그를 볼 수가 없군. 하하하!" 유대인들이 이러한 조롱을 견디기란 매우 어려웠다. 이런 사실 때문에 시편 기자와 예언자의 불평이 튀어나온다. "어찌하여 뭇 나라가 '그들의 하나님이 이제 어디 있느냐?' 말하게 하리이까?"[10] 물론 이스라엘에게는 나름의 변론이 있었다. 이방의 우상들은 아무것도 아니었고, 인간의 손으로 만든 것에 불과했다. 맞다. 그들은 입이 있으되 말할 수 없었고, 귀가 있으되 듣지 못했고, 코가 있으되 냄새 맡을 수 없었고, 손이 있으되 만지고 느낄 수 없었고, 발이 있으되 걸을 수 없었다.[11] 이와 반대로 (영이신) 야웨는 비록 입은 없으시지만 말씀하셨고, 귀는 없으시지만 이스라엘의 기도를 들으셨고, 손은 없으시지만 강한 권능으로 우주를 창조하시고 자기 백성을 구속하셨다. 하지만 하나님의 백성은 동시에 그분이 열방에 자신을 알리심으로써 그들이 그분을 보고 믿게 해주시기를 갈망했다.

보이지 않는 하나님이라는 동일한 문제가 오늘날 우리에게, 특히 과학적 방법론이라는 토대 위에서 자란 사람들에게 도전이 되고 있다. 그들은 모든 것을 오감으로 검토하도록 배운다. 그들은 경험적 연구를 따르지 않는 것은 무엇이든 의심하고 심지어 거부하라는 말을 듣는다. 그러므로 보이지 않는 하나님을 믿는 것이 도대체 합리적이겠는가? 그들은 말한다. "그를 보여 주기만 하면 우리는 믿겠다."

그렇다면 하나님은 자신의 비가시성이라는 문제를 어떻게 해결해 오셨는가? 첫째, 그분이 만드신 세상 속에서 자신을 가시적으로 계시해 오셨다(롬 1:19-20). 하늘과 땅은 모두 그분의 영광을 선언하니 말이다(시 19:1-6; 사 6:3). 둘째, 이것이 가장 중요한데, 아들을 세상에 보내심으로써 자신을 계시하셨다. "본래 하나님을 본 사람이 없으되, 아버지 품속에 있는 독생하신 하나님이 나타내셨느니라"(요 1:18). 결과적으로 예수님은 "나를 본 자는 아버지를 보았거늘"(요 14:9)이라고 말씀하실 수 있었고, 바울은 그분을 "보이지 아니하는 하나님의 [보이는] 형상"(골 1:15)으로 묘사할 수 있었다.

이에 대해 사람들은 다음과 같이 대답하곤 한다. "그것 참 멋지군요. 하지만 그건 거의 2,000년 전에 일어났던 일이지요. 보이지 않는 하나님이 **오늘날** 자신을 보여 주시는 제3의 길은 하나도 없지 않나요?" 아니다, 있다. "어느 때나 하나님을 본 사람이 없으되"(요일 4:12). 요한은 그의 첫 번째 서신서 이 구절을 자신의 복음서 서언에서 사용했던 것과 동일한 문장(요 1:18)으로 시작한다. 그러나 이제 그는 이 문장을 다르게 끝맺는다. 복음서에서 그는 "독생하신 아들이 그분을 나타내셨느니라"라고 썼다(개역개정판에는 "독생하신 하나님이 나타내셨느니라"라고 되어 있다—역주).

그러나 서신서에서는 이렇게 썼다. "만일 우리가 서로 사랑하면, 하나님이 우리 안에 거하시고 그의 사랑이 우리 안에 온전히 이루어지느니라." 요한이 동일한 진술을 의도적으로 반복한 것은 오직 한 가지를 의미할 뿐이다. 언젠가 그리스도 안에서 자신을 보여 주셨던 보이지 않는 하나님이, 이제는 "만일 우리가 서로 사랑하면" 자신을 그리스도인들 안에서 보여 주신다.

하나님은 그분의 본질적인 존재에서 사랑이시고, 우리를 위해 사시고 죽으신 자신의 아들을 선물로 주심으로써 자신의 사랑을 나타내셨다. 이제 그분은 사랑의 공동체가 되라고 우리를 부르신다. 그것은 그분의 가족이라는 친밀함 속에서 서로 사랑—특히 나이와 성, 인종과 지위의 장벽을 넘어서—하고, 소외와 굶주림과 가난과 고통 가운데 있는 세상을 사랑하라는 부르심이다. 오늘날 하나님이 자신을 보여 주시는 것은 바로 우리 사랑의 질을 통해서다.

다른 사람을 위한 사랑 속에서 하나님의 사랑의 복음을 드러내지 않는다면, 우리는 그 일부조차 성실하게 선포할 수 없다. 질투, 경쟁, 중상, 앙심으로 찢겨지고 이기적인 관심에만 사로잡힌 교회만큼 그리스도의 대의에 타격을 주는 것은 없다. 그러한 교회들은 시급하게 사랑 안에서 철저하게 쇄신되어야 한다. 1978년 램버스 회의의 합동 보고서 중 하나가 말했듯이, "쇄신 없는 선교는 위선이다." 우리가 서로 사랑할 때에만, 세상은 예수님이 그리스도시고 우리는 그분의 제자임을 믿을 것이다(요 13:35; 17:21).

지역 교회를 통한 복음 전도를 위한 주요 필수 요건 네 가지를 정리해 보면 다음과 같다. 첫째, 교회는 자신의 이중 정체성을 이해하면서, 그 자신을 (신학적으로) 이해해야 한다. 둘째, 교회는 자신의 이중 정체성을 반영하는 선교 전략을 개발하면서, 그 자신을 (구조적으로) 조직화해야 한다. 셋째, 교회는 성경에 충실하고 현대 세계에 적실한 방식으로 자신의 복음을 분명하게 밝히면서, 그 자신을 (언어적으로) 표현해야 한다. 넷째, 교회는 사랑의 공동체 속으로 들어가서 전적으로 변화됨으로써 보이지 않는 하나님이 다시 한 번 세상에 자신을 보여 주실 수 있도록, (도덕적·영적으로) 그 자신이 되어야 한다.

4 사역: 열둘과 일곱

리더십을 어떻게 이해하느냐에 따라 다르긴 하지만, 대부분의 교회는 목사직이건 사역직이건 나름의 리더십을 갖고 있다. 사도행전에서, 특히 6장(일곱 집사를 임명하는 장면)과 20장(에베소 교회의 장로들에 대한 바울의 훈계)은, 교회 지도자들에 대한 하나님의 목적을 조명한다.

사도행전의 처음 몇 장에서 누가는 두 가지 작업을 수행한다. 한편으로 그는 오순절에 그리스도의 몸이 탄생하고 성장하는 것을 설명한다. 다른 한편으로는 갓 태어난 교회를 질식시키려고 애썼던 사탄의 전략을 개괄한다. 사도행전 1-2장의 주연 배우가 성령이라면, 사도행전 3-6장의 주연 배우는 사탄이라는 이름의 악한 영이라고 해도 거의 무방할 것이다.

실제로 사탄이 그 이름으로 언급되는 것은 단 한 번뿐이다. 베드로가 아나니아에게 사탄이 그의 마음을 완전히 사로잡아 성령을 속였다며 도대체 어찌된 일인지 묻는 사도행전 5:3에서다. 이 일은 겉으로는 한 사람이 다른 사람에게 거짓말을 한 사건으로 보인다. 그러나 베드로는 통찰력을 가지고 수면 아래를 보았다. 그는 성령에게 거짓말하는 악한 영을 보았다. 실로 사탄은 아나니아의 마음을 '채워'(filled) 아나니아를 조정했다. 이것은 "성령으로 충만한"(filled, 4:8) 베드로의 무서운 풍자였다. 그렇다면 이제 사탄의 삼중적인 전략을 살펴보자.

사탄의 첫 번째이자 노골적인 전술은 신체적 폭력 혹은 박해였다. 그는 힘으로 교회를 짓뭉개려 했다. 두 번째이자 더욱 음흉한 전술은 도덕적 타협이었다. 밖으로부터 교회를 파괴하는 데 실패하자, 사탄은 아나니아와 삽비라의 속임수를 통해 안에서부터 교회를 타락시키려고 했다. 세 번째이자 가장 음흉한 전술은 사회적인 일로 산만하게 하는 것이었다. 사탄은 사도들로 하여금 우선 과제인 설교와 기도에서 벗어나게 하려 했다. 만일 그가 성공해서 사도들이 설교를 포기했다면, 교회는 제대로 배우지 못하고 온갖 그릇된 교리의 풍파에 노출되었을 것이다.

이러한 박해와 타락과 산만함은 사탄의 주요 무기였다. 나는 지금 사탄을 밀접하게 인격적으로 익히 알고 있다고 주장하는 것이 아니다. 그러나 나는 사탄이 아주 파렴치하며 전적으로 상상력이 부족하다는 사실을 알고 있다. 사탄은 자신의 전략도 전술도 바꾸지 않았다. 사탄은 여전히 판에 박힌 대로 일한다. 그러므로 우리는 초대교회에 대항했던 사탄의 운동을 연구하고 그것으로 경계를 삼아야 한다. 갑자기 사탄의 습격을 받는다 하더라도 우리에게는 아무런 변명의 여지가 없을 것이다. 본 장의 목적상 우리는 세 번째 전술에 집중할 것이다. 사도행전 6:1-7의 이야기다.

모든 교인의 사역

때는 바야흐로 교회가 활기차게 성장하는 시기였다. "제자가 더 많아졌는데"(1절). 그러나 동시에 헬라파 유대인들(헬라어를 사용하는 헬라 문화권)과 히브리파 유대인들(히브리어를 사용하는 히브리 문화권) 사이에 심각한 분쟁이 발발했다. 헬라파는 자신의 과부들이 매일의 양식 분배에서 푸대접을 받는다고 히브리파에게 불평했다. 처음에는 사도들이 직접 이 문제를 해결하려고 달려들었던 것 같다. "[여호와는] 고아와 과부를 위하여 정의를 행하시기" 때문이다(신 10:18). 사도들은 하나님이 과부들을 돌보는 일에 전념하셨다는 것을 구약을 통해 알고 있었다. 그러나 사도들은 관리하는 일에 마음을 빼앗겨 말씀 사역을 소홀히 할 위험에 처하게 되었다.

이러한 문제에 봉착하여 사도들은 현명한 조치를 취했다. 그들은 문제에 대한 해결책을 스스로 제시하지 않고, 교회 회의를 소집하여 몸 전체의 지혜를 구했다. 그들은 "우리가 하나님의 말씀을 제쳐 놓고 접대를 일삼는 것이 마땅하지 아니하니"(2절)라고 말했다. 사도들이 사회 사역을 어떤 식으로든 목회 사역보다 열등하거나 사도들의 존엄성 아래에 있는 일로 여겼다는 암시는 없다. 그것은 전적으로 소명의 문제였다. 사도들은 하나님이 주신 **자신들의**

임무를 벗어날 자유가 없었다.

그래서 사도들은 한 가지 제안을 했다. 교인들 중에 "성령과 지혜가 충만하다"—아마도 '영적이고 실제적인 성향'이라는 의미일 것이다—고 알려진 일곱 사람을 뽑자고 제안한 것이다. 그러고 나서 사도들이 설교와 기도에 집중하는 동안 과부를 돌보는 일은 그들에게 위임하려고 했다. 열둘이 일곱에게 위임하는 것이었다. 기도 없이는 성령이 뿌린 씨앗들이 열매를 맺지 않을 것 같기 때문이었다(3-4절).

> 모든 사람 각자가 모든 일을 다 할 수는 없다.

교회는 그 중요성을 인식하고 거기에 동의했다. 그들은 스데반과 빌립을 포함하여 일곱 명을 뽑았는데, 이는 모두 헬라 이름으로 들린다. 분명 이것은 원래 불평을 제기했던 헬라 유대인들을 안심시키기 위한 조치였다. 그러고 나서 교회는 그 일곱을 사도들에게 데리고 왔고, 사도들은 그들을 위해 기도하고 안수함으로써, 그들이 새로운 책임을 수행하도록 위임하고 권한을 부여했다(5-6절).

매우 중요한 원리 하나가 바로 이 사건 속에 깊이 새겨져 있다. 그것은 모든 세대에 걸쳐 교회가 시급하게 다시 배워야 할 원리로서, '모든 사람 각자가 모든 일을 다 할 수는 없다'는 것이다. 실제로 모든 사람 각자가 모든 일을 다 하도록 부름받지는 않는다. 이 원리를 세 가지 긍정적인 진술문으로 달리 표현해 보겠다.

1. 하나님은 자신의 모든 백성을 사역으로 부르신다(디아코니아).
2. 하나님은 사람마다 서로 다른 사역으로 부르신다.
3. 하나님은 말씀 사역으로 부름받은 사람들이 어떤 경우에도 사회적 관리 업무로 산만해지지 않고, 그들의 소명에 집중하기를 기대하신다.

열둘의 일과 일곱의 일을 모두 '디아코니아'(*diakonia*, 사역)로 일컬은 것은 분명히 의도적이다. 일곱이 식탁의 디아코니아(2절) 혹은 사회 사역으로 부름받았다면, 열둘은 말씀의 디아코니아(4절) 혹은 목회 사역으로 부름받았다. 어떤 사역도 다른 사역보다 열등하지 않다. 오히려 그 둘은 모두 기독교 사역(하나님을 섬기는 방식들)이다. 그 둘을 수행하기 위해서는 성령 충만한 사람들이 필요하다. 둘 다 전임 기독교 사역이 될 수 있다. 유일한 차이점이란 서로 다르다는 것뿐이다! 말씀 사역이 목회 사역이라면, 식탁 사역은 사회 사역이다.

목사직을 정관사를 붙인 사역(the ministry)으로 간주하는 한 언제나 우리는 교회에 커다란 해를 끼치게 된다. 정관사를 사용하면, 목사직이 유일하게 존재하는 사역이라는 인상을 주기 때문이다. 나는 이것에 대해 수십 년 전에 회개했는데, 독자들 역시 바로 오늘 나와 함께 참회에 동참하기를 초대한다. 만일 누군가 내 앞에서 이럭저럭하여 '사역(the ministry)을 하고자' 한다고 말하면, 나는 모르는 척하고 "오, 정말이세요? 어떤 사역을 말씀하시죠?"라고 되묻는다. 그러면 상대방은 통상 "목회 사역이죠"라고 대답하고, 나는 "왜 처음부터 그렇게 말씀하지 않으셨나요?"라고 말한다.

사실인즉슨, 디아코니아는 사역 혹은 섬김을 총칭하는 단어다. 그 앞에 수식어—목회, 사회, 복음 전도, 선교, 의료, 법조, 교육, 관리, 그리고 더 많은 것들이 있다—를 붙이기 전에는 구체성이 없는 것이다. 예컨대, 로마서 13:4에서는 정부의 행정 장관과 공무원들을 '디아코노이 테우'(*diakonoi Theou*), 즉 하나님의 종들이라고 부르는데, 이것은 목사와 교회의 다른 청지기들에게 적용하는 바로 그 표현이다.

> 모든 그리스도인은 사역으로 부름받았다.

지금까지 설명한 원리를 요약해 보겠다. 모든 그리스도인은 사역(디아코니아)으로 부름받았다. 왜냐하면 우리는 섬김을 받는 것이 아니라 섬기러 왔다고 말씀하신(막 10:45) 그분의 제자이기 때문이다. 사역 혹은 섬김이 아닌 다른 일에 우리의 인생을 보낸다는 것은 상상조차 할 수 없는 일이기 때문이다. 그러나 은사와 소명(calling)과 사역은 그 폭이 넓으므로, 우리는 자신의 은사를 발견하고 다른 사람들도 그들의 은사를 발견하도록 도와야 한다.

사도들이 일곱에게 관리하는 일을 위임하고 자신들의 소명에 집중한 직접적인 결과는 다음 말씀에 나타나 있다. "하나님의 말씀이 점점 왕성하여… 제자의 수가 심히 많아지고"(7절). 말씀 사역이 소홀히 될 때 말씀이 퍼질 수 없음은 당연한 논리다.

이 원리를 지역 교회에 따라 개별적으로 적용할 수 있다. 정말이지 목사들과 교인들이 이 교훈을 배우는 것은 지역 교회의 건강을 위해 매우 중요하다. 물론 목사가 사도는 아니다. 목사들은 사도들이 교회에 전해 준 것을 강해하도록 부름받은 반면에, 사도들은 복음의 계통을 명확히 세웠기 때문이다. 그러므로 목사들이 인생을 바치는 일은 참된 말씀 사역이다. 그러나 너무도 자주 그들은 관리하는 일 때문에 산만해지고 심지어는 그 일에 빠져 버린다.

이는 때로는 목사들의 잘못이다. 모든 리더십의 고삐를 자기 손아귀에 두기 원하고 위임하기를 거부하기 때문이다. 그러나 때로는 교인들의 잘못이기도 하다. 그들은 목사가 총 작업반장이 되기를 원하기 때문이다. 그들은 이렇게 말할지도 모른다. "우리는 그분에게 사례를 지불합니다. 그러니 그분이 일을 꾸려 나가야지요!" 어떤 경우든 그 결과는 비참하다. 설교의 수준이 떨어지고, 목사가 평신도들의 은사를 가로챘기 때문에 평신도들은 은사를 발휘할 기회가 거의 없다. 결국 교회는 병들게 된다. 하나님은 서로 다른 사람들을 서로 다른 사역으로 부르신다는 기본적인 성경적 인식이 필요하다. 그러면 사람들은 목사에게 불필요한 관리 업무에서 벗어나게 해줄 것이고, 목사는 사람들에게 자신의 은사를 발휘할 자유를 보장해 줄 것이다. 바로 이러한 상호 해방을 통하여 교회는 번성할 것이다.

> 하나님은 서로 다른 사람들을 서로 다른 사역으로 부르신다.

누가가 사도행전에서 묘사하고 사도 바울이 자신의 서신서에서 확증한 것을 덧붙여도 좋을 것 같다. '카리스마타'(charismata, 영적 은사들)에 대해 쓰면서, 바울은 영적 은사에는 폭넓은 다양성(고린도전서에 열거된 열두 가지보다 더 다양한)이 있음을 강조한다. 또한 그러한 은사들의 목적은 공동선을 추구하고, 나아가 그리스도의 몸을 세우는 것임을 강조한다. 누가와 바울이 공히 가르치는 것은 종종 '그리스도의 몸에 속한 모든 교인의 사역'이라 불리는 것이다.

목회 사역

이제 모든 사람이 공유하는 이러한 '모든 교인의 사역'에서, 일부 특히 리더십 팀에게 주어진 목회 사역으로 관심을 돌려 보겠다.

> 기독교적 감독은 목양적 감독이다.

오늘날 교회 지도자들의 역할에 대해서는 불확실한 면이 많이 있다. 우리가 '성직자'라는 단어를 사용할 때 그 의미는 무엇인가? 성직자는 제사장, 목사, 설교자, 장로, 예언자, 심리 치료사인가? 성직자는 교육자, 간사, 운영자, 관리자, 일꾼인가? 이 질문에 대해 다양한 대답이 있을 것이다. 실제로 교회는 서로 정반대되는 비성경적 양 극단, 즉 성직자중심주의(그들을 받들어 모시는 것)와 반성직자주의(그들을 자리에서 도로 끌어내려 콧대를 꺾는 것) 사이에서 우왕좌왕해 왔다. 이제 교회들이 지역 교회의 모든 교인의 사역을 회복한 상황에서, 사람들은 성직자가 남아도는 것은 아닌지 묻고 있다.

이러한 불확실성의 배경에서 잠시 성경으로, 특히 밀레도스에서 에베소 교회의 장로들에게 보낸 바울의 고별사(행 20:17-38)로 관심을 돌려 보자. 바울은 그들 사이에서 자신이 행한 수고에 대해 회상한다. 우리는 즉각적으로 바울이 생각하는 지역 교회 감독의 두 가지 특성에 주목하게 된다.

첫째, 기독교적 감독은 **목양적** 감독이다. 28절의 헬라어 동사 [*poimaino*]는 목자의 일을 하는 것 혹은 양무리를 치는 것을 의미한다. 특히 양무리를 먹임으로써 말이다. 그러므로 목사들은 본질적으로 가르치는 사역으로 부름받는다. 회중에게 설교하건, 집단을 훈련시키건, 개인을 상담하건, 그의 사역은 목회 사역, 즉 말씀 사역이다. 그런데 목자가 어떻게 자신의 양무리를 먹이는가? 그 대답은 목자가 직접 먹이지는 않는다는 것이다. 물론 어린 양 한 마리가 병이 든다면, 목자가 젖병으로 먹일 수도 있다. 그러나 대개 목자는 양들이 스스로 먹을 수 있는 좋은 초장으로 자신의 양무리를 인도한다.

> 이른바 일인 악단을 보장해 주는 성경적 근거는 없다.

둘째, 기독교적 감독은 **복수** 감독이다. 밀레도스에서 사도는 에베소 교회의 '장로들'(복수)을 데리러 사람을 보냈다. 한 사람의 음악가처럼 한 명의 목사가 모든 악기를 연주하는 이른바 일인 악단을 보장해 주는 성경적 근거는 없다. 반대로 첫 번째 선교 여행에서부터 줄곧 바울과 바나바는 "각 교회에서 장로들을 택했고"

(행 14:23), 나중에 바울은 디도에게 "각 성에 장로들을 세우라"고 지시했다(딛 1:5). 그러므로 우리는 지역 교회의 리더십에서 목회팀의 개념을 회복할 필요가 있다. 목회팀은 전임 목사와 협동 목사, 급여를 받는 사람과 자원 봉사자, 안수받은 사람과 평신도, 젊은이와 나이든 사람으로 구성할 수 있다.

나는 이 목록에 '남성과 여성'을 잠정적으로 덧붙이고 싶다. 여성의 사역이라는 문제는 그리스도인들을 계속 분열시킨다. 비록 이 문제가 한 단락으로 풀어내기에는 너무 복잡하지만, 성경에 의지하여 인도를 구하는 그리스도인이라면 어떤 근본적인 진리에 동의할 것이다. 남성과 여성은 동등하게 하나님의 형상과 이 세상의 통치권을 지니고 있으며(창 1:27), 그리스도 안에서 하나님의 은혜를 동등하게 부여받았다(벧전 3:7; 갈 3:26-28). 그러므로 창조와 구속이라는 점에서 하나님 앞에서 동등하다. 우리는 또한 서로에 대해 보완적이고(창 2:18-25), 이러한 상보성의 맥락에서 하나님은 남자에게 특정한 '머리됨'(headship)을 부여하셨다(고전 11:3; 엡 5:22). 그렇다면 동등성과 상보성이 어떻게 조화될 수 있는가? 특히 여성이 남성의 머리됨을 침해하지 않으면서 어떻게 남자를 가르칠 수 있는가? 그럴 수 있으려면 아마도 '머리됨'이 권위보다는 책임을 의미한다는 점(엡 5:25-30), 바울이 금한 것은 직임이라기보다는 태도(교만)라는 점, 여성의 행위와 사역에서 부적절하게 여겨지는 것은 문화에 따라 다양하다는 점, 팀 사역이 규범이어야 하고 그러한 팀 사역 안에서 여성을 포함하여 모든 구성원이 자신의 특수한 은사로 공동선에 기여한다는 점을 기억해야 할 것이다.

이렇게 지역 교회의 리더십이 목양적이고 복수적이어야 한다는 점을 기억할 때, 우리는 바울이 자신의 고별사에서 목양의 은유를 어떻게 발전시키는지 주목할 준비가 된 셈이다. 첫째, 그는 자신과 장로들을 목자로 묘사한다. 둘째, 그는 자신이 이리의 특성으로 설명한 거짓 교사가 일어날 것에 대해 경고한다. 그리고 셋째, 그는 하나님의 양무리인 백성의 가치를 확고히 한다.

사도들의 모범(목자)

사도행전 20:18-27에서 바울은 장로들에게 자신이 에베소에 머무는 동안 보여 준 모범을 상기시킨다. 그는 그들 사이에서 행한 자신의 사역에 대해 아무런 유감이 없다고 말할 수 있었다. 특별히 그는 비범할 뿐 아니라 깨끗한 양심으로 철저히 사역했음을 보여 준다. 세 가지 측면에서 그렇다.

첫째, 바울은 가르침에서 철저했다. 그는 자신의 메시지를 "하나님의 은혜의 복음"(24절)이자 "그 나라"(25절)로 부른다. 바울은 또한 그들에게 "하나님께 대한 회개와 우리 주 예수 그리스도에 대한 믿음"(21절, NAB)을 가르쳤다. 여기에서 우리는 은혜와 믿음, 하나님의 통치와 인간의 헌신 같은 복음의 큰 주제 중 일부를 볼 수 있다. 바울은 가르치는 책임을 회피하지 않았으며, 그들은 물론 하나님의 모든 계획과 목적에 유익한 것이라면 어떤 일이든 분명히 말하기를 주저하지 않았노라고 두 번이나 말한다.

둘째, 바울은 전도에서 철저했다. 그의 목표는 하나님의 모든 계획을 가르칠 뿐 아니라 그것이 에베소에 있는 모든 사람들에게 미치는 것이다. 그는 모든 사람에게 모든 것을 가르치기 원했다! 결과적으로 그의 사역은 유대인과 이방인, 거주자와 방문자 모두를 끌어안았다. 그는 회당에서 석 달 간 유대인들에게 전도했고, 2년 넘게 두란노 서원에서 전도함으로써, "아시아에 거주하는 모든 사람들이…주의 말씀을 들었다"(행 19:10, RSV, 역자 사역). 여기서 아시아란 에베소가 수도였던 로마령 아시아 지역을 말한다.

셋째, 바울은 방법에서 철저했다. 그는 마음과 영혼을 다해 전심으로 자신의 사역에 헌신했다. 그는 사람들에게 공적으로(회당과 두란노 서원에서) 그리고 사적으로 (집집마다) 가르쳤다. 그는 밤낮으로 쉬지 않았다. 이렇게 사도는 전혀 지칠 줄 몰랐다. 그를 멈출 것은 아무것도 없었다. 그가 경험했던 두려움과 시련마저도 말이다. 실로 그는 자신의 목숨을 내려놓고 복음의 일을 하다 순교자로 죽을 준비가 확실했기 때문에, 목숨에 연연하지 않았다. 그의 야망은 주 예수님이 자신에게 주신 과업을 완수하는 것이었고 다른 저의는 없었다.

> 바울의 철저함은 오늘날 우리에게도 도전으로 남아 있다.

사도가 에베소에서 3년 간 보여 준 목양적 철저함은 그런 것이었다. 그는 하나님의 계시된 메시지 어느 한 부분도 생략하지 않았다. 그는 지역 공동체의 어느 한 부분도 소홀히 하지 않았다. 그 도시에 영향력을 미치기 위해 시도해 보지 않은 방법이 없었다. 그는 모든 수단을 동원하여 가능한 모든 사람과 가능한 모든 진리를 나누었다. 그는 전심으로 온 도시를 향하여 온전한 복음을 가르쳤다. 결과적으로 그는 충성스러운 파수꾼이었던 에스겔의 소명을 되울리면서, 다음과 같은 엄숙한 주장을 할 수 있었다. "오늘 여러분에게 증언하거니와, 모든 사람의 피에 대하여 내가 깨끗하니"(26절).[1]

바울의 모범은 에베소의 장로들에게 끊임없는 영감을 심어 주었음에 틀림없다. 그리고 바울의 철저함은 오늘날 우리에게도 도전으로 남아 있다.

거짓 교사들의 침입(이리들)

지금까지 전개해 온 목양의 은유를 통해 바울은 목자와 양무리에 초점을 맞추어 왔다. 이제(28-31절) 그는 청자들로 하여금 이리와 대면하게 한다. 에베소 장로들이 부지런히 진리를 가르쳐야 했던 이유는, 사나운 이리들이 들어와서 양무리를 잡아 죽이고 있었기 때문이다. 위험한 이리들 때문에 그들은 양무리를 더욱더 세심하게 돌보아야 했다.

이리는 양의 주적으로서 고대 중동 지역(여전히 일부 북부 지역에 있다)에 서식하고 있었다. 이리들은 단독으로 혹은 떼를 지어 사냥하지만, 양들은 이리에 대해 무방비 상태다. 목자로서는 경계를 늦출 수가 없다. 오늘날 기독교의 목사들도 경계를 늦출 수 없다.

바울은 자신이 의미하는 바를 설명한다. "또한 여러분 중에서도 제자들을 끌어 자기를 따르게 하려고 어그러진 말을 하는 사람들이 일어날 줄을 내가 아노라"(30절). 그리고 사도의 예언은 현실이 되었다. 이는 나중에 바울이 디모데에게 보낸 두 통의 편지와 요한계시록 2장에 나타난 에베소 교회에 보낸 그리스도의 편지를 읽어 보면 알 수 있다. 예수님이 직접 거짓 예언자들에 대해 경고하신 적도 있다. 예수님은 거짓 예언자들을 가리켜 양의 옷을 입은 자들이라 묘사하셨는데, 사실 그 속을 보면 사나운 이리들이었다(마 7:15).

> 그리스도의 양무리를 맡은 목자에게는 두 가지 임무가 부여되었다.

그러므로 바울은 에베소 장로들에게 "일깨어!"라고 경고했다. 선한 목자라면 (베들레헴 인근의 들판에 있는 목자들처럼) 틀림없이 자신의 양무리를 밤낮으로 지킬 것이다. 바로 그런 식으로 선한 목회자는 거짓 예언자들과 맞서 자신의 사람들을 지키려고 노력한다. 우리는 여기서 그리스도의 양무리를 맡은 목자에게 두 가지 임무가 부여되었다는 것을 알게 된다. 첫째는 양무리를 먹이는 일이고, 둘째는 이리들을 내쫓는 일이다. 즉, 그들은 진리를 가르치는 한편 오류와 싸워야 한다. 바울은 나중에 디도에게 장로직 후보자들은 사도들의 가르침을 굳게 붙듦으로써, 건전한 가르침으로 교훈을 주고 그것을 방해하는 사람들을 논박할 수 있어야 한다고 말한다(딛 1:9).

거짓 가르침에 반박할 필요에 대한 이러한 강조는 오늘날에는 매우 인기가 없다. 우리는 언제나 긍정적으로 가르쳐야지 결코 부정적으로 가르쳐서는 안 된다는 말을 종종 듣는다. 그러나 이런 말을 하는 사람들은 신약을 읽어 보지 않았거나 읽고 나서도 그것에 동의하지 않거나 둘 중 하나다. 우리 주 예수님과 그분의 제자들은 친히 오류를 반박했고, 우리에게도 똑같이 하라고 촉구했으니 말이다. 나는 때때로 이러한 필수적인 사역을 소홀히 한 것이 현대의 신학적 혼란을 야기한 주요인이 아닌가 생각한다. 신학적 논쟁은 감수성이 풍부한 그리스도인들의 구미에는 언제나 맞지 않는다. 우리가 그것을 마냥 즐긴다면 정말 애석한 일이다! 그러나 우리는 양심적으로 그것을 피할 수 없다. 명백한 거짓 가르침에 대해 말만 하고 정작 아무 조치도 취하지 않거나 돌아서서 도망쳐 버린다면, 우리는 양무리에게 아무런 관심도 없는 '고용인' 혹은 '삯꾼'이란 경멸 어린 이름을 얻는 것이 온당하다.

이리들의 공격에 대하여 그리스도의 양무리를 목자 없는 양처럼 무방비 상태로 버려두어야 하겠는가? 하나님이 에스겔을 통하여 이스라엘에 대하여 말씀하셨던 것을 교회에 대해 말해야 하겠는가? "목자가 없으므로 그것들이 흩어지고 흩어져서 모든 들짐승의 밥이 되었도다"(겔 34:5). 아니다! 하나님의 양무리를 오류로부터 보호하고 진리 가운데 세우는 것은 우리의 분명한 의무다.

백성들의 가치(양무리)

목자의 모범과 이리들의 위험성을 보여 준 다음, 바울은 양무리의 가치로 방향을 전환한다.

여러분은 자기를 위하여 또는 온 양 떼를 위하여 삼가라. 성령이 그들 가운데 여러분을 감독자로 삼고, 하나님이 자기 피로 사신 [하나님의] 교회를 보살피게 하셨느니라(행 20:28).

28절에는 교회에 대한 목양적 감독이 하나님께 속한다는 진리가 내재되어 있다. 하나님은 자신의 백성에 대한 최고의 감독자시다. 실로 삼위일체의 삼위 각각은 이러한 감독을 공유하신다.

첫째, 교회는 하나님의 교회다. '하나님의 교회'(NAB와 NIV에서처럼)로 읽어야 하는지 아니면 '주의 교회'(RSV와 NEB에서처럼)로 읽어야 하는지는 확실하지 않다. 어떤 경우이건 교회는 하나님의 교회이고, 따라서 교회는 궁극적으로 성부 하나님께 속한다.

> 교회는 우리 것이 아니라 하나님의 것이다.

둘째, 하나님이 교회를 '그 자신의 피로'(with his own blood, NIV) 사셨다고 읽어야 하는지, 아니면 '그의 독생자의'라는 의미인 '그 자신의 [독생자의] 피로'(with the blood of his own, RSV와 NEB에서처럼) 사셨다고 읽어야 하는지 확실하지 않다. 하지만 어떤 경우이건 교회는 그리스도의 피를 지불하고 사신 것이다.

셋째, (하나님께 속하고 그리스도가 사신) 이 교회 위에 감독자를 임명하신 분은 바로 성령이다. 그러므로 감독 역시 그분의 것이다. 그렇지 않다면 그분은 그 일을 맡기실 수 없을 것이다.

이것은 교회에 대한 훌륭한 삼위일체의 진리다. 즉, 교회는 성부 하나님에게 속하고, 아들이신 그리스도의 피로 구속되었고, 교회에는 성령 하나님이 임명하신 감독들이 있다.

이러한 사실은 우리를 겸손하게 할 것이다. 비록 우리가 교회 지도자가 되는 특권을 가질 수 있다 할지라도, 교회는 우리 것이 아니라 하나님의 것이다. 우리에게는 교회에 대한 소유권이 없다. 왕과 여왕이 '내 백성'이라고 발언하는 것은 적절할지 모르지만, 목사들이 '내 교회'라고 말하는 것은 도대체 적절한 것인지 의심스럽다. 고린도 교인들이 인간 중심의 이교를 만들어 '나는 바울에게 속했다' 혹은 '나는 베드로에게 속했다'고 말했을 때, 바울은 이에 반박하면서 그들의 주장을 고의적으로 뒤집었다. 그는 "만물이 다 너희 것임이라. 바울이나 아볼로나 게바나"라고 썼다(고전 3:21-22). 다른 말로 하면, '너희가 우리에게 속한 것이 아니라 오히려 우리가 너희에게 속한다'는 것이다. 그러므로 일관성 있게 말하려면, 우리가 섬기도록 부름받은 **하나님의** 교회라고 불러야 한다.

이 진리는 우리를 겸손하게 할 뿐 아니라 우리에게 영감을 불어넣어 줄 것이다. 특히 우리로 하여금 하나님의 백성을 사랑으로 돌보도록 동기 부여해 줄 것이다. 우리에게는 이러한 자극이 필요하다. 양은 멀리서 보이는 것처럼 깨끗하고 귀여운 동물이 결코 아니기 때문이다. 반대로 양은 더럽고 성질이 못된 골칫덩어리에 속한다. 양에게서 이와 진드기와 벌레들을 제거하려면, 우리는 이들을 정기적으로 강한 화학 물질에 집어넣어야 한다. 양들은 또한 우둔하고 고집이 세다. 나인들 이 은유를 너무 문자적으로 적용하거나 하나님의 백성을 '더럽고 이투성이에다가 미련한' 자들로 묘사하는 것이 내키겠는가! 그러나 일부 교인들은 목사들에게 커다란 시험거리가 될 수 있다. 물론 그 반대도 마찬가지다. 그렇다면 사랑스럽지 않은 사람들을 사랑하는 일을 어떻게 감내할 수 있겠는가? 나는 그들이 얼마나 귀한 존재인지를 상기할 때에만 가능하다고 생각한다. 그들은 너무도 귀한 존재여서 그들을 돌보는 일에 삼위일체의 삼위가 함께 일하실 정도다. 나는 특히 까다로운 사람을 도우려고 할 때 작은 소리로 다음과 같이 말하는 것이 아주 도전적이라고 생각한다. '하나님 보시기에 당신은 얼마나 귀한 존재인가! 성부 하나님이 당신을 사랑하신다. 그리스도가 당신을 위해 죽으셨다. 성령은 나를 당신의 목사로 임명하셨다. 삼위일체의 삼위가 당신의 행복을 위해 헌신하셨다면, 내가 당신을 섬기는 것은 하나의 특권이다.'

리처드 백스터(Richard Baxter)의 위대한 책 「참 목자상」(*The Reformed Pastor*, 1656, 생명의말씀사)은 사도행전 20:28에 대한 강해다. 그 책의 한 부분을 인용한다.

오, 그렇다면 우리가 의욕이 없고 무관심해진다고 느낄 때마다, 다음과 같은 그리스도의 주장을 듣도록 하자. 내가 그들을 위해 죽었다면, 너는 그들을 돌보지 않겠느냐? 그들이 내 피를 흘릴 가치가 있었다면, 네가 수고할 가치가 있는 것이 아니냐? 내가 잃어버린 자들을 찾고 구원하기 위해 하늘에서 땅으로 내려왔다면, 너는 이웃집이나 거리나 마을로 가서 그들을 찾지 않겠느냐? 내 수고와 겸손에 비하면 네 수고와 겸손은 얼마나 보잘것없느냐! 내가 친히 여기까지 낮추었는데, 너에게 그런 책임이 맡겨진 것은 영예로운 일이다. 내가 그들의 구원을 위해 그토록 많은 일을 하고 고통을 당하지 않았느냐? 그러므로 내가 기꺼이 너를 나와 함께하는 동역자로 삼았다면, 네가 미력이라도 아끼겠느냐?[2)]

5 교제: 코이노니아의 의미

단어들의 의미가 왜곡되고 그 통용 가치가 떨어짐으로써, 한때 생동했던 단어들이 이제는 소멸했거나 소멸해 가는 경향이 지속적으로 나타난다. '교제'(fellowship)란 단어의 경우가 그렇다. 교제는 지나치게 많이 사용되면서도 과소평가되는 말이다. 통상적인 용법으로 보면, 교제는 정다운 우정, 피상적인 친구 관계, 오스트레일리아 감리교도들의 PSA(Pleasant Sunday Afternoon, '유쾌한 일요일 오후' 프로그램) 모임, 혹은 맛난 차 한 잔을 나누면서 재미 있게 잡담 삼아 만나는 것을 의미한다.

그러나 교제의 의미를 회복하게 하는 성경적, 역사적, 실제적인 강한 영향력이 있다.

우선 남자가 혼자 사는 것이 좋지 못하다고 단언하는 훌륭한 **성경적** 논거가 있다(창 2:18). 이에 대해 적어도 칼뱅은 결혼보다도 더 광범위한 적용점을 가지는 단어라 보았다. 외로움(aloneness)은 일상의 삶이나 그리스도인의 삶 어디에서도 하나님의 뜻이 아니다. 사람들은 교제(당장 교제에 대해 정의하지는 않을 것이다)를 필요로 하며, 그들이 교제하는 것이 바로 하나님의 뜻이다.

그러나 성경이 인정하는 이러한 기본적인 필요는 일요일에 교회에 가거나 심지어 주중에 더 큰 교회 모임에 참석하더라도 완전히 충족되지 않는다. 큰 군중에는 언제나 부자연스럽고 인간 이하의 어떤 요소가 있게 마련이다. 그들은 회중(congregations)이라기보다는 관계 없는 사람들의 집합인 집단(aggregations)이 되는 경향이 있다. 군중이 커지면 커질수록, 그것을 구성하는 개인들은 서로에 대해 덜 알고 덜 관심을 갖게 된다. 확실히 군중은 실제로 외로움을 치유하기보다는 영속시킨다. 그러므로 큰 회중은 신약시대에 있었다고 생각되는 가정 교회 같은 더 작은 모임으로 나누어질 필요가 있다.[1] 소모임의 가치는 관계 맺는 개인들로 이루어진 집단이 될 수 있다는 데 있다. 그리고 소모임에서는 인격적 관계의 유익을 놓칠 수 없고 그 도전도 회피할 수 없다.

인간 가족을 보면 이것은 진리다. 하나님의 목적에 따르면, 우리가 성숙에 이르는 성장은 가족 집단이라는 맥락 속에서 일어난다. 성인으로 자라는 발달 과정을 지배하는 것은 무엇보다도 부모, 자녀, 형제, 자매 사이에서 일어나는 복잡한 관계 유형이다. 한 자녀와 한 부모로 이루어진 가정은 친척, 이웃, 친구들이 있다 하더라도 흔히 고통을 겪는다. 이와 유사하게, 더 친밀한 그리스도인의 교제로부터 스스로 떨어져나가는 고독한 교인들은 영적 진보에서 저해 혹은 손상을 입을 것이다.

그러므로 소모임이나 그리스도인 가정, 혹은 교제 모임이 영적 성숙에 이르는 성장을 위해 없어서는 안 된다고 말하는 것은 과장이 아닐 것이다. 애석하게도 고립된 채 회중석에 홀로 앉아 있거나 기둥 뒤에 숨어 있으면서 그저 교회를 오가기만 하는 사람들이라면, 비록 큰 숫자가 다시 모이는 이른바 주중 '교제' 모임에 참석하더라도, 고독한 기독교가 계속 유지될 것이다. 세례를 통해 그들은 가시적인 공동체의 일원이 되었다. 교회 출석을 통해 그들은 외적으로 관례를 따르는 교인이 되었다. 그러나 그들은 여전히 그리스도나 그리스도의 백성 어디에도 진정으로 속한 것은 아닐 수 있다.

소모임에 대한 성경의 논거로부터 **역사적인** 논거로 방향을 바꾸어 보면, 여러 유명한 성령 운동들은 교제의 친밀함 속에서 시작되었거나 그 모습을 드러냈다. 이것은 영국 종교개혁에서 분명한 사실이다. 영국 종교개혁의 뿌리는 에라스무스의 헬라어 신약 성경을 공부하고자 케임브리지의 화이트 홀스 여관에서 모였던 학자 집단으로 거슬러 올라갈 수 있다. 감리교에서도 그러한데, 옥스퍼드에서 있었던 원래의 신성 클럽(Holy Club)이나 발전된 속회 모임이나 마찬가지다. 스코틀랜드의 기도 모임과 동아프리카 부흥 때의 교제 모임 속에서도 같은 사실을 확인할 수 있을 것이다. 위대한 운동은 바로 그러한 작고 소박한 시

> 소모임은 영적 성숙에 이르는 성장을 위해 없어서는 안 된다.

작에서 일어나 확산된다.

세 번째는 **목양적인** 논거다. 어떤 규모의 교회든지 목사가 있다면, 모든 교회는 새로운 회심자들을 양육하고, 병자를 심방하고, 세례나 견진성사 혹은 결혼 후보자들을 면접하고, 사별한 사람들을 위로하고, 도움을 요청하는 사람들을 상담하고, 증거 사역자들을 훈련하는 일에 집중하게 마련이다. 그러나 어느 정도 규모만 되어도 모든 교인을 정기적으로 만나고 방문하리라 기대하기는 어렵다. 실제로 그래서도 안 된다. 지금까지 보아 온 것처럼, 회중에 대한 목양적 감독은 안수받은 사역에만 속하지 않는다.

> 어떤 의미에서 모든 사람이 감독으로 여겨질 수 있다.

더구나 성경은 우리 각자가 형제를 지키는 자라고 말한다. 어떤 '에피스코페'(*episcope*, 감독직)는 회중의 모든 구성원에게 맡겨지기 때문에, 성경은 심지어 어떤 의미에서 모든 사람이 감독으로 여겨질 수 있다고 암시한다. '에피스코포운테스'(*episkopountes*)라는 동사가 사용된 히브리서 12:15의 말씀은 이러하다. "하나님의 은혜에 이르지 못하는 자가 없도록 하고"(RSV). 만일 그렇다면, 바로 교제 모임 속에서 이상이 현실이 되는 셈이다. 그러한 교제 모임 속에서 목사는 몇몇 감독직 혹은 목양적 감독직을 평신도 지도자에게 위임하고, 모든 사람은 각각을 돌보는 법을 배우기 때문이다.

이것이 바로 존 웨슬리가 발견한 것이다. 1742년 4월 25일, 그는 자신의 일기에 다음과 같이 적었다.

> 몇몇 진지하고 분별 있는 사람들을 약속을 잡아 만났다. 나는 나의 보살핌을 받기 원하는 사람들을 안다는 것에 대해 내가 오랫동안 지녀 온 고충을 고백했다. 많은 의견을 교환한 후에, 그들은 모두 각 사람을 확실하고도 철저하게 알려면 그들을 속회로 분리하는 것보다 더 나은 방법이 없다는 데 동의했다. 내가 가장 신뢰할 수 있는 사람들에게 맡긴 브리스톨의 속회들처럼 말이다. 이것이 런던 속회의 기원이다. 그리고 내가 하나님과 이 제도의 유용성을 아무리 찬양한다 할지라도 결코 충분할 수 없을 것이다. 이 제도의 유용성은 시작 이래로 점점 더 명백해졌다.[2]

데일(R. W. Dale) 박사는 이러한 과정에 대해 이렇게 언급했다.

> 감리교는 속회 모임을 통해 교회 제도에 놀랍고도 독창적으로 기여했다. 내가 아는 한, 어떤 교회도 속회 모임이 그 완전한 형태에서 제공하는 것보다 더 목양적 감독의 이상에 근접한 방법을 가져 본 적이 없다.[3]

가정 교회 혹은 가정 모임 운동은 확실히 세계 도처에서 꾸준하게 결집의 동력을 부여해 왔다. 대개의 경우, 여기에는 논리 정연한 성경적, 역사적, 혹은 목양적 근거가 없다. 이것은 대개 자발적이고 순수한 성령의 운동으로 보인다. 만일 이것을 인간 경험이란

면에서 설명할 필요가 있다면, 필경 세속 사회의 비인간화 과정과 많은 교회 생활에서 볼 수 있는 피상적인 형식주의에 대한 저항으로 이해할 수 있을 것이다. 진정으로 인간적이고 정말로 실제적인 삶에 대한 갈망은 널리 퍼져 있다.

그러나 이러한 이미지들은 신약 성경이 '코이노니아'(koinonia)라 부르는 것에는 한참 못 미친다. 우리는 교제를 그 서툰 모방으로부터 구출하고 신약 성경에 나타난 진정성을 회복할 필요가 있다.

코이노니아의 핵심에는 '공동의'(common)라는 뜻의 형용사 '코이노스'(koinos)가 있다. '코이노노스'(koinonos)는 '동반자'(partner), 동사 '코이노네오'(koinoneo)는 '나누다'(share)는 뜻이다. 특히 코이노니아는 우리가 공유하는 세 가지를 보여 준다.

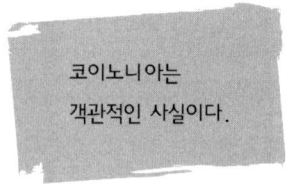

코이노니아는 객관적인 사실이다.

첫째는 우리가 함께 **공유하는 것**(share in, 공동 유산)이고, 둘째는 우리가 함께 **나누어 주는 것**(share out, 공동 봉사)이고, 그리고 셋째는 우리가 서로서로 **나누는 것**(share with, 상호 책임)이다.

우리의 공동 유산

일반적인 용법에 의하면, 교제는 **주관적인** 어떤 것으로서, "우리는 함께 좋은 교제를 누렸다"는 말에서처럼 상대방이 있을 때 경험하는 따스함과 안전감을 말한다. 그러나 성경의 용법에 의하면, 코이노니아는 전혀 주관적인 느낌이 아니다. 그것은 우리가 함께 공유하는 것을 나타내는 객관적인 사실이다.

그래서 바울은 "너희가 다 나와 함께 은혜에 참여한 자"(빌 1:7)라고 말할 수 있었고, 요한은 "너희로 우리와 사귐이 있게 하려 함이니, 우리의 사귐은 아버지와 그의 아들 예수 그리스도와 더불어 누림이라"(요일 1:3)고 말할 수 있었다. 그런가 하면 바울은 "성령의 교통하심"(고후 13:13)을 덧붙였다. 그러므로 진정한 교제는 삼위일체적인 교제다. 진정한 교제는 성부·성자·성령 하나님의 은혜를 우리가 공유한다는 것을 증거한다.

이것이 바로 우리를 하나로 만들어 주는 것이 아닌가? 우리는 나라와 문화와 교회가 서로 다르다. 기질과 은사와 관심이 서로 다르다. 그러나 우리가 여전히 공유하는 것이 있다. 그것은 바로 하늘에 계신 우리 아버지 되신 같은 하나님, 우리 구세주요 주님 되신 같은 예수 그리스도, 그리고 우리 안에 내주하시는 위로자 되신 같은 성령이다.

우리를 연합시키는 것은 바로 하나님(성부, 성자, 성령)에 대한 우리의 공동 참여(코이노니아)다. 이것은 주의 만찬 혹은 성찬에서 가장 생생하게 표현된다. "우리가 축복하는 바 축복의 잔은 그리스도의 피에 참여함이 아니며, 우리가 떼는 떡은 그리스도의 몸에 참여함이 아니냐?"(고전 10:16)

우리의 공동 봉사

코이노니아는 우리가 함께 받은 것뿐 아니라 우리가 함께 내어 놓는 것, 우리의 공동 유산뿐 아니라 우리의 공동 봉사를 나타낸다. 제1장에서 보았듯이, 초대 그리스도인들은 교제하기에 힘썼다(행 2:42). 이 구절은 신약 정경에서 코이노니아를 처음으로 사용한 사례다. 코이노니아는 복음서에 나타나지 않는다. 사실상 성령이 오시기 전에는 어떠한 코이노니아도 없었기 때문이다.

사도행전 2:44을 미루어 볼 때, 누가가 초대 그리스도인들이 누렸던 공동 생활을 생각하고 있다는 것은 분명하다. 왜냐하면 코이노니아는 바울이 자신의 모금 계획에 대해 사용했던 단어이고, '코이노니코스'(*koinonikos*)는 너그럽다는 의미이기 때문이다.

> 우리는 물질적인 부뿐만 아니라 영적인 부 또한 나누어야 한다.

비록 소수의 그리스도인들만이 전적으로 자발적인 가난으로 부름을 받았지만, 우리는 분명 서로 사랑하며 가난에 처한 형제자매들을 돌보아야 한다. 그러나 코이노니아는 물질적 부뿐만 아니라 영적인 부, 즉 복음에 대한 지식 또한 나누도록 도전한다. 그러므로 바울은 "[내가 하나님께 감사함은] 너희가 첫날부터 이제까지 복음을 위한 일에 참여하고 있기 때문이라"(빌 1:5)고 쓸 수 있었다. 그리고 안드레, 베드로, 야고보, 요한을 이에 대한 예로 보는 것이 그리 억지는 아니다. 그들은 갈릴리 호수에서 작은 어업을 하는 코이노니아(동역자)였다. 이제 예수님이 그들을 사람 낚는 일, 즉 하나님 나라를 위해 사람 낚는 일에 동역자로 부르신다. 그러나 이상하게도 여전히 우리에게는 개인 전도에 대해 주저하는 경향이 있다. 우리는 "만 입이 내게 있으면 그 입 다 가지고 내 구주 주신 은총을 늘 찬송하겠네" 하고 종종 노래한다. 그러나 다 소용없는 기대다. 한편으로 우리가 만 개의 혀를 갖게 될 리 없기 때문이다. 다른 한편으로 설령 우리에게 만 개의 혀가 있다 하더라도, 한 개의 혀로도 주로 침묵하는데 만 개의 혀로 무엇을 할 수 있겠는가.

우리의 상호 책임

코이노니아의 처음 두 측면에서 우리는 어떤 쪽이건 모두 동일한 방향을 향하고 있다. 그러나 코이노니아의 세 번째 측면에서, 서로서로 나누는 것에 집중할 때 우리는 동일한 방향을 향하지 않는다. 그보다는 서로 마주하며 원으로 모인다.

다른 방식으로 설명하면, 이 세 번째 측면에서 어느 누구도 전적인 수혜자 혹은 전적인 기부자가 아니다. 바울이 빌립보 교인들에게 말한 것처럼, 우리는 주고받는 일에서 협력 관계에 있다. 바울은 그들과 복음을 공유했고, 그들은 그와 선물을 공유했기 때문이다(빌 1:5; 4:15).

이와 유사하게, 바울은 유대인 교회들을 위해 그가 준비한 헬라 교회들의 모금 계획을 그리스도의 몸 안에서 이루어진 이방인과 유대인들의 연대로 보았다. 이방인들이 유대인들의 영적 복에 참여하게 되었으므로, 이방인들이 물질적 복을 나누는 것이 타당하다(롬 15:27). 빌립보서 4:15은 MRI(Mutual Responsibility and Interdependence: 상호 책임과 상호 의존)와 관련한 탁월한 본문이라 할 것이다. MRI는 1963년 토론토에서 열린 성공회 대회에서 추천된 프로그램이다.

또 다른 사례를 로마서 1장에서 찾을 수 있다. 여기에서 바울은 그들을 방문하기를 고대하는데, 이는 부분적으로는 그들을 굳건하게 세우고자 영적 은사를 나누기 위함이고, 부분적으로는 서로의 믿음, 즉 그들의 믿음과 그의 믿음으로 말미암아 서로 격려받기 위함이었다고 말한다(롬 1:11-12).

바로 이러한 연관성 속에서 우리는 신약 성경 속에 많이 나타나는 '서로'라는 말을 숙고할 필요가 있다. 이는 그리스도인의 교제의 상호성을 설명해 준다. 가장 일반적인 예는 상호 사랑에 대한 명령이다. 예수님은 말씀하셨다. "새 계명을 너희에게 주노니, 서로 사랑하라. 내가 너희를 사랑한 것같이 너희도 서로 사랑하라. 너희가 서로 사랑하면 이로써 모든 사람이 너희가 내 제자인 줄 알리라"(요 13:34-35).

이 명령은 낭만적이거나 이상주의적이지 않다. 서로 사랑하는 일에는 소극적인 동시에 적극적인, 아주 실제적인 결과가 따른다. 소극적인 면으로는, 만일 우리가 서로 사랑하면, 서로에 대해 판단하거나 악하게 말하지 않을 것이다. 우리는 (사나운 야수처럼) 서로 물어뜯거나 삼키지 않을 것이다. 그리고 성나게 하거나, 시기하거나, 거짓말하지 않을 것이다.

적극적인 면으로는, 만일 우리가 서로 사랑하면, 서로에게 친절하고 동정적이고, 서로 참고 용서하고, 서로 복종하고, 서로 세우고, 서로 인색하지 않게 환대를 실천하고, 서로 격려하고, 서로 훈계하고 위로하고, 서로를 위해 기도하고, 서로 짐을 질 것이다.

몇몇 실제 사례

오늘날 세계 기독교계의 가장 고무적인 특색 중 하나는 소모임들이 꾸준히 회복되어 왔다는 것이다. 많은 역사적 운동이 소모임의 친밀함 속에서 시작되어 왔다. 이미 케임브리지에서 시작된 영국 종교개혁과 옥스퍼드에서 있었던 감리교의 부흥에 대해 언급한 바 있다. 지금 시대에는, 1930년대에 시작된 동아프리카의 부흥이 교제 모임들과 함께 지속되고 있다. 오늘날 세계적으로 셀 모임, 가정 모임, 혹은 가정 교회가 급격히 늘고 있다.

신약 성경이 말하는 코이노니아의 풍성함을 드러내기를 열망하는 뜻에서 우리는 런던의 모임들을 교제 모임(fellowship groups)이라고 부른다. 우리가 기도하고 그리스도의 말씀 가운데 그리스도를 먹을 때, 교제 모임은 우리가 함께 공유하는 것을 나타낸다. 교제 모임은 우리가 함께 나누어 주는 것을 나타낸다. 교제 모임은 외부로 나아가 봉사할 기회를 찾도록 권면받는다. 가령 복음 전도의 밤에 지역민들을 초청하고, 이웃에 사는 병자들과 노인들을 심방하고, 교회 행사를 위해 음식을 장만하고, 세상과 교회를 위해 중재하는 등의 기회가 있다.

교제 모임은 또한 서로 나눈다. 교제 모임에서 구성원들은 자신의 기쁨과 슬픔, 의심과 두려움과 필요들을 나눌 기회를 얻는다. 이러한 세 번째 유형의 교제에 대하여 존 웨슬리는 「감리교인이라 불리는 사람들에 대한 알기 쉬운 설명」(*Plain Account of the*

People called Methodists)에서 다음과 같이 썼다.

> 이러한 약간의 '건전성 규제'를 통하여 어떤 유익을 거두어들일 수 있는지는 가히 상상조차 할 수 없다. 이제 많은 사람들이 이전에는 이상으로만 생각하던 그리스도인의 교제를 행복하게 경험했다. 그들은 '서로 짐을 지기' 시작했고, 자연스레 '서로를 돌보기' 시작했고… '사랑 안에서 참된 것을 하여 범사에 그에게까지 자랐다.' '머리니 곧 그리스도'이신 그분에게 말이다.[4]

이런 식으로 교제 모임의 지도자들은 작은 목사가 되고, 회중에 대한 목양적인 감독은 분권화되고 공유된다.

교제 모임은 사람들로 구성되어 있고, 모든 사람은 서로 다르다. 그러므로 모임의 프로그램이나 발전 과정을 정형화하고 싶지는 않다. 그럼에도 불구하고 우리는 진정한 그리스도인의 코이노니아에는 지금까지 내가 밝히려 한 풍성하고도 광범위한 나눔이 포함된다는 것을 믿는다. 그러므로 우리는 노골적으로 삼중적인 성경적 이상을 지속적으로 지킨다. 우리는 이 모임들이 균형을 잃고 단순한 성경 읽기 모임, 기도 모임, 연구 모임, 혹은 활동 모임으로 전락하지 않기를 열망한다. 우리는 이 교제 모임들이 그 이름에 걸맞게 코이노니아의 완전성을 드러내기를 원한다. 그러므로 우리는 계속해서 자문한다. 그리스도인의 성숙을 향해 함께 성장하고 있는가? 주님과 교회, 혹은 세상을 함께 섬기는가? 점점 더 많이 서로 사랑하고 돌보고 있는가?

    그러고 나서 우리는 확신과 기쁨으로 말할 수 있다. "우리는 함께 좋은 교제를 누렸다네."

6 설교: 다섯 가지 역설

현대 세계는 설교에 대해 단연코 비우호적이다. 말은 이미지로 말미암아 그 빛을 잃었고, 책은 영화로 말미암아 빛을 잃었다. 그러므로 설교는 유행이 지난 소통 형식, 즉 누군가 '버려진 과거로부터의 메아리'로 불렀던 것으로 여겨진다. 오늘날 과연 누가 다른 사람의 말에 귀기울이려 하는가? 사람들은 텔레비전에 중독되었고, 권위에 적대적이며 말에 대해서는 회의적이다.

그 결과 일부 설교자들은 사기를 잃고 포기한다. 그들은 설교를 계속할 마음을 잃거나, 설교를 약식 설교 혹은 이와 진배없이 어설픈 것으로 우스꽝스럽게 변형시킨다. 이런 마당에 나는 본 장에서 설교자들에게 인내하라고 설득하려 한다. 교회의 생명은 설교에 달려 있기 때문이다. 예수님이 신명기를 인용하여 말씀하신 것처럼, 만일 인간이 하나님의 말씀으로 산다면(마 4:4), 그것은 교회에도 마찬가지로 진리다. 교회는 하나님의 말씀으로 살고, 자라고, 번성한다. 하나님의 말씀이 없다면 교회는 쇠약해지고 사라진다.

이제 나는 여러분이 진정한 기독교 설교에 없어서는 안 될 여러 중요한 특성들을 숙고해 보도록 초청한다. 그 특성들은 처음에는 서로 모순되어 보이지만, 실제로는 역설적인 긴장 속에서 서로 보완해 준다.

성경적인 동시에 동시대적인

첫째, 진정한 기독교 설교는 **성경적이고 동시대적이다**. 이것은 성경을 우리가 살고 있는 세상과 관련지어 강해하는 것이다. 스티븐 닐(Stephen Neill) 주교는 그것을 잘 표현했다.

> 모든 기독교 설교는 성경적인 설교다.

설교는 직물을 짜는 것과 같다. 거기에는 날실과 씨실이라는 두 가지 요소가 있다. 고정되어 바뀔 수 없는 요소가 있는데, 우리에게 이것은 하나님의 말씀이다. 또한 바뀔 수 있는 요소가 있는데, 직공은 이것을 이용하여 자기 뜻에 따라 무늬를 바꾸고 변화를 줄 수 있다. 우리에게 이것은 사람들과 상황의 지속적으로 변화하는 경향이다.[1]

나는 우리가 모든 기독교 설교는 성경적인 설교라는 데 동의하기를 희망한다. 우리가 설교단을 차지하고 있는 것은 우리 자신을 설교하거나, 자신의 이론을 유포하거나, 자신의 견해를 표명하기 위해서가 아니다. 그렇지 않다! 우리는 설교란 본질적으로 하나님의 말씀에 대한 강해라고 이해한다. 그런 의미에서 모든 기독교 설교는 '강해' 설교다. 물론 이것은 좁은 의미(긴 본문에 대한 주석을 하는 것)가 아니라 넓은 의미(성경 본문을 여는 것)의 강해 설교를 말한다. 우리는 하나님의 계시를 맡은 자들이고, 무엇보다도 먼저 자신의 청지기직에 충실해야 할 의무가 있기 때문이다.

캔터베리 대주교였던 도널드 코건(Donald Coggan) 박사는 이렇게 썼다.

> 기독교 설교자에게는 설정된 경계가 있다. 설교단으로 들어설 때, 그는 전적인 자유인이 아니다.…그에게는 자신의 메시지를 고안하거나 선택할 자유가 없다. 메시지는 그에게 주어진 것이며, 청중에게 선언하고, 해설하고, 위탁해야 할 것이다….[2]

동시에 진정한 기독교 설교는 동시대적이다. 그것은 현대 세계와 공명한다. 그것은 청중이 처한 상황에서 현실과 씨름한다. 우리는 성경적이 되려고 결심하지만 부적실성에 빠지는 것은 거부한다. 우리는 고대의 본문을 현대의 상황에 관련짓기 위해 애쓴다.

나는 이것을 깊은 협곡이나 좁은 골짜기로 깊숙이 잘린 평야 지대의 그림으로 상상하고 싶다. 한 쪽에는 성경의 세계가, 다른 쪽에는 현대 세계가 있다. 그런가 하면 그 둘 사이에는 깊은 틈, 즉 2천 년 동안 변화해 온 문화가 놓여 있다.

복음주의 신자들은 성경의 세계 속에서 산다. 성경의 세계는 우리가 편안하게 느끼는 곳이다. 우리는 성경을 믿고 사랑하고 읽는다. 우리는 본질적으로 성경의 사람들이다. 그러나 우리는 현대 세계에서는 그리 편안하지 않다. 우리는 여기서 위협을 느낀다. 그렇다면 어떻게 이 그림 위에 설교를 그릴 수 있겠는가? 우리의 설교는 모두 성경으로부터 나온다. 성경 이외의 다른 곳으로 말미암아 설교하는 것은 꿈에도 생각하지 않을 것이다. 그러나 그렇다면 우리의 설교는 허공으로 떠오를 뿐, 절대로 다른 쪽에 발을 딛지 못할 것이다. 우리는 성경적이지만 동시대적이지는 않다.

> 진정한 기독교 설교는 다리를 놓는 작업이다.

자유주의 설교자들은 정반대의 실수를 저지른다. 그들은 현대 사회 속에서 살며 위협을 느끼지 않는다. 그들은 현대의 시, 철학, 심리학, 과학, 소설을 읽는다. 그들은 움직이는 시대와 함께 움직이고 있다. 그러나 성경의 계시는 대거 내버려 왔다는 것이 그들의 실정이다. 그러므로 조금 전의 그림 위에 그들의 설교를 그릴 때, 그들은 모두 오늘날의 현실에만 발을 딛는다. 그러나 그것이 어디로부터 오는지는 오직 하늘만이 안다. 그것은 성경으로부터 온 것이 아니다. 그들은 동시대적이지만 성경적이지는 않다.

이 간단한 그림은 오늘날 교회 안의 주요 비극 중 하나를 보여 준다. 복음주의자들은 성경적이지만 동시대적이지 않고, 자유주의자들은 동시대적이지만 성경적이지 않다. 성경과 현실 사이에 다리를 놓는 이들은 거의 없다. 그러나 진정한 기독교 설교는 다리를 놓는 작업이다. 진정한 기독교 설교는 성경 본문에 충실하면서도 현대의 상황에 민감한 방식으로 본문을 상황과 연결한다. 어느 하나를 위해 다른 하나를 희생해서는 안 된다.

견고한 다리를 놓기 위해서는 깊은 협곡의 양면을 연구해야 한다. 정말로 익숙해질 때까지 성경을 연구해야 한다고 말하지 않을 수 없다. 또한 우리가 살고 있는 세상을 연구해야 한다. 이 일을 위해 1972년에 시작한 독서 모임에서 나는 비할 데 없이 큰 도움을 받았다. 우리는 수주에 한 번씩 만나, 비기독교 서적을 읽은 후 그 책이 기독교 세계관에 던지는 도전을 토론했다. 나는 이것을 '이중적 경청'(double listening)이라 부르는데, 하나님의 말씀을 경청하는 동시에 현대 세계의 소리들—그 분노의 외침과 고통과 절망—을 경청하는 것이다.

권위적인 동시에 잠정적인

20세기는 회의의 시대였다. 그렇다. 20세기는 승리주의에 물든 에드워드 시대의 10년과 함께 시작했다. 에드워드 7세가 영국 왕좌에 있을 때, 모든 것은 안정적이고 정돈되고, 심지어 전혀 흔들리지 않을 것처럼 보였다. 그러나 1912년 4월 타이타닉 호가 침몰했고 이는 더 지독한 재앙이 다가온다는 징조였다. 에드워드 시대의 특징이었던 사회적 안정은 두 번에 걸친 세계대전과 그 여파로 인해 산산조각이 났다. 이전의 유적들(안정의 상징)은 모두 파괴되었다. 이제 21세기 사람들은 상대주의와 불확실성의 늪 속에서 허우적거린다. 심지어 교회마저도 십대 청소년처럼 얼굴을 붉히며 안절부절 못하는 모습이다. 많은 설교자들은 믿음보다는 회의를 나누는 것이 자신의 임무라고 생각한다. 개인적인 회의를 떠벌리는 것은 포스트모더니즘의 바로 핵심에 속한 것이니 말이다.

그러므로 한편으로 설교단에서 권위 있는 목소리를 회복하는 것이 아주 중요하다. 리버풀의 라일(J. C. Ryle, 1880-1900) 주교는 다음과 같이 불평했다. "방대한 분량의 현대 설교는 아주 흐릿하고, 모호하고, 애매하고, 불분명하고, 주저하고, 소심하고, 조심스럽고, 회의의 장막이 드리워 있어, 설교자가 그 자신이 믿는 것을 알지 못하고 있는 것처럼 보일 정도다."[3]

언제나 '주께서 이렇게 말씀하십니다'라는 공식을 대담하게 사용해야 한다는 말이 아니다. 그것은 성경 예언자들의 언어였다. 예언자는 하나님의 계시를 전하는 통로였지만, 설교자는 그런 의미의 예언자는 아니다. 해석학 공부를 다 마치고 적절한 원리들을 성실하게 해당 본문에 적용한다는 조건에서, 우리의 공식은 '성경이 말하기를'이다. 그리고 나서 우리는 용기와 확신을 가지고 설교할 수 있을 것이다.

다른 한편으로, 권위 있는 설교와 함께 때로는 잠정적인 설교를 하는 것이 타당하다. 하나님이 모든 것을 계시하지는 않으셨기 때문이다. 그분은 계획적으로 어떤 것들을 비밀로 하셨다. "감추어진 일은 우리 하나님 여호와께 속하였거니와, 나타난 일은 영원히 우리와 우리 자손에게 속하였나니, 이는 우리에게 이 율법의 모든 말씀을 행하게 하심이니라"(신 29:29). 이것이 바로 그리스도인들이 교리와 불가지론의 요소를 겸비하는 이유다. 우리는 분명하게 계시된 것들에 대해서는 교리적이어야 하고, 비밀한 것들에 대해서는 불가지론적이어야 한다. 교리가 비밀한 것들 속으로 침입하고, 불가지론이 계시된 것들 속으로 침입할 때 우리는 난관에 부딪힌다.

더구나 하나님이 계시하신 것마저도 언제나 분명하지는 않다. 그렇다. 우리는 성경의 명료함(성경은 투명한 특성이 있다)을 믿지만, 종교개혁가들은 오직 믿음을 통한 오직 은혜에 의한 구원이라는 핵심 메시지를 넌지시 내비치고 있었다. 이것은 대낮처럼 분명하다. 가장 단순한 사람일지라도 그것을 이해할 수 있다. 그러나 종교개혁가들은 모든 것이 똑같이 분명하다고 주장하지는 않았다. 사도 베드로가 사도 바울의 편지들에 이해하기 어려운 것들이 있었다고 고백했다면(벧후 3:15-16), 하물며 종교개혁가들이야 어떻겠는가? 만일 한 사도가 다른 사도를 항상 이해할 수 있었던 것은 아니라면, 우리가 언제나 이해할 수 있다고 주장하는 것은 별로 온당치 못한 일이리라!

그러므로 나는 설교단에서, 절대로 오류가 없는 하나님의 계시에 속한 권위와 함께 오류 가능성이 있는 인간 해석자들에 합당한 겸손과 망설임을 보고 싶다. 로마서 10:14-17을 주석하면서 칼뱅은 이렇게 썼다. "나는 나 자신의 견해를 자유로이 진술하겠지만, 각자 자신의 판단을 내려야 한다."

게다가, 만일 우리가 접시에 모든 것을 다 담아 준다면(요리를 마치고 즉시 먹을 수 있도록), 우리는 회중이 영구적으로 미성숙하다고 선고를 내리는 셈이다. 이것이 바로 예수님이 제자들에게,

이 땅에서는 아무에게나 아버지나 어머니라 부르지 말라고 금하신 이유가 아니겠는가?(마 23:8-10) 즉, 우리는 이 땅에서 아무와도 부모에 대한 자녀들의, 혹은 구루에 대한 제자들의 의존적인 관계를 맺어서는 안 된다. 또는 누구에게도 그런 관계를 요구해서는 안 된다. 기독교 공동체에 구루란 없다. 오직 목사(목자)가 있을 뿐이다.

그러나 목자는 자신의 양들을 직접 먹이지 않는다. 그 대신 앞에서 본 것처럼 양들이 스스로 먹을 수 있는 멋진 푸른 초장으로 인도한다. 이와 같이 모든 설교는 사람들을 성경으로 인도해서 그들이 성경에서 스스로 풀을 찾아 먹도록 권해야 한다.

> 모든 설교는 사람들을 성경으로 인도해야 한다.

권위와 잠정성, 교리와 불가지론, 절대 무오한 말씀과 오류가 있는 해석자들 사이에서 균형을 맞추기란 쉽지 않다. 그러나 노력해야 한다. 나는 우리 설교자들 가운데서, 하나님이 비밀로 하신 것 앞에서는 더욱 침묵하고 하나님이 계시하신 것에 대해서는 더욱 확신하는 모습을 보고 싶다.

예언적인 동시에 목양적인

그 다음으로는 예언적인 것과 목양적인 것 사이의 역설이다. 실로 진정한 기독교 설교뿐 아니라 온 교회가 이러한 이중적인 사역으로 부름받는다. 하나님이 분명하게 계시하신 교리적 진리와 윤리적 기준을 (두려움이나 편향 없이) 증거한다는 의미에서 '예언적'이고, 성경적 진리를 더디 믿는 사람들과 성경적 기준에 이르지 못하는 사람들을 부드럽게 다룬다는 의미에서 '목양적'이다.

일부 설교자들은 매우 성실한 예언 사역을 한다. 그들은 하나님의 말씀을 선언하는 일에 큰 용기를 보인다. 그들은 하나님의 말씀에 대한 최소한의 타협도 거부한다. 그들은 평화가 없을 때 '평화, 평화'라고 말하는 자들은 거짓 예언자들이라는 사실을 기억한다. 그래서 자신의 메시지에 심판의 경고를 포함한다.

그러나 이러한 예언적 증거는 종종 목양적으로는 매우 무감각하다. 그들은 "그리스도의 온유와 관용"(고후 10:1)을 거의 나타내지 않는다. 오히려 회중이 자신의 채찍질 아래서 꿈틀거리면서 나아가는 모습을 즐기는 것 같다. 심지어 그들은 메시아라면 결코 하지 않으셨으리라고 성경이 말하는 일을 행한다. 그들은 상한 갈대를 꺾고 꺼져 가는 심지를 끈다(사 42:3; 마 12:20). 만일 그들이 "너희가 무엇을 원하느냐, 내가 매를 가지고 너희에게 나아가랴, 사랑과 온유한 마음으로 나아가랴?"(고전 4:21)라는 바울의 딜레마에 직면한다면, 채찍을 선택할 것이다.

다른 설교자들은 목양적 사랑과 돌봄에 탁월하다. 그들이 좋아하는 말은 '관용'과 '자비'다. 그들은 인간 본성의 나약함과 상처 입기 쉬운 면을 알고, 그러한 점들을 고려한다. 그들은 예수님이 간음하는 중에 잡힌 여인을 정죄하지 않으셨다는 사실을 기억한다. 그래서 그들은 비판적이지 않으려고 노력한다.

그러나 그들은 예수님이 또한 간음한 여인에게 "가서 다시는 죄를 범하지 말라"고 말씀하셨던 것(요 8:1-11)을 잊고 있다. 그분은 사마리아 여인에게 남편을 데려오라고 하심으로써 그녀가 자신의 죄를 직면하게 하셨다. 하나님 사랑의 거룩성과 회개하라는 하나님의 요청을 망각할 때, 그들의 예언적 증거는 무뎌지고, 그들의 나팔은 분명한 소리를 내지 않는다.

예언적 증거와 목양적 돌봄, 단호함과 부드러움, 징계와 자비를 겸비하는 것은 쉽지 않다. 내가 알기로, 설교를 "편안한 자들을 괴롭히고, 괴로운 자들을 위로하는 것"으로 처음 정의한 사람은 미국 감독 교회의 평신도 차드 월쉬(Chad Walsh)였다.[4]

은사인 동시에 공부하는

우리는 이제 다음과 같은 문제에 직면한다. 누가 그리고 무엇이 설교자를 만들어 내는가? 하나님은 설교자들을 창조하시는가, 아니면 그들은 그 창조 과정 속에 참여하는가? 이러한 질문들에 대한 대답은 또다시 '둘 다'임에 틀림없다. 그

> 자칭 설교자나 자력 설교자란 개념은 기괴하다.

것은 설교의 네 번째 역설이다.

한편으로, 모든 진정한 설교자는 하나님이 부르시고 구비시키시고 기름부으신 사람이다. 자칭 설교자나 자력 설교자란 개념은 기괴하다. 설교는 하나의 은사이기 때문이다. 신약의 다섯 가지 은사(*charismata*) 목록 중에는 훈계 및 권면의 은사와 함께 목사와

교사가 포함된다. 바울이 장로의 자격 요건 열 가지를 열거할 때, 그 중 아홉이 도덕적이고 영적인 요소인 반면에(예컨대, 환대와 절제), 오직 하나만이 '직업적인' 것, 즉 가르침의 은사를 갖고 있다는 뜻의 '디다크티코스'(*didaktikos*)로 분류될 수 있다는 점은 매우 의미심장하다(딤전 3:2).

그러므로 '제도적인' 사역은 교회가 임명하고 '은사적인' 사역은 하나님이 임명하시는 것인 양, 그 둘을 구별하는 것은 잘못이다. 그럴 수 없다! 교회는 하나님이 부르시지도 은사를 주시지도 않은 사람들에게 안수할 자유가 없다. 그렇다면 안수란 무엇인가? 우리는, 안수에는 최소한 하나님이 후보자들을 부르시고 합당한 은사를 주시며 맡기신 사역을 수행하도록 그들을 공적으로 위임하는 것과, 하나님이 그들을 부르셨음을 교회가 공적으로 인정하는 것이 포함된다는 데 동의해야 한다. 특별히 가르침의 은사는 필수 자격 요건이다. 이 은사와 그에 따른 부르심이 없다면, 누구도 교사나 설교자가 될 수 없다.

다른 한편, 하나님의 부르심과 은사와 기름부음만으로는 충분하지 않다. 은사를 받은 사람들은 그것을 키우고 개발해야 한다. 그래서 디모데는 자신의 은사를 가볍게 여기지 말고 불일 듯하게 하라는 권고를 받았다(딤전 4:14; 딤후 1:6). 어떻게 하라는 것인지 구체적으로 말하지는 않았지만, 아마도 기도 훈련과 공부, 그리고 자신의 은사를 성실히 실습하는 것을 통해서였을 것이다.

아직도 공부하라는 권고를 의아하게 생각하는 설교자들을 때때로 만난다. 그들은 공부가 성령의 기름부음과 양립하지 않으며,

정말로 성령을 신뢰한다면 공부는 불필요할 것이라고 생각한다. 일부 설교자들은 그러한 생각을 뒷받침하기 위해 예수님을 인용하기까지 한다. "어떻게 또는 무엇을 말할까 염려하지 말라. 그때에 너희에게 할 말을 주시리니, 말하는 이는 너희가 아니라 너희 속에서 말씀하시는 이 곧 너희 아버지의 성령이시니라"(마 10:19-20). 그러나 이 약속의 맥락은 법정이지 교회가 아니며, 이 약속을 받은 사람들은 피고인석에 앉아 있는 죄수이지 설교단에 있는 설교자가 아니다!

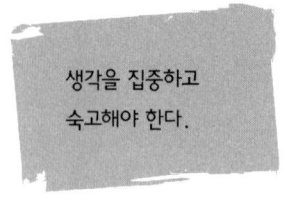
생각을 집중하고 숙고해야 한다.

설교자들을 위한 더 적절한 본문은 디모데후서 2:7이다. "내가 말하는 것에 생각을 집중하라. 주께서 너에게 이 모든 것에 대한 깨달음(insight)을 주실 것이기 때문이다"(NIV). 혹은 "내가 말한 것을 숙고하라. 그러면 주께서 너에게 완전한 이해(full understanding)를 주실 것이다"(NJB, 이상 역자 사역). 이 구절의 두 부분은 함께 묶어서 보아야 한다. 우리에게 이해 혹은 깨달음을 주시는 분은 진정 하나님이시다. 그러나 우리는 생각을 집중하고 숙고해야 한다.

공부하거나 생각을 집중해야 할 필요성은 오랫동안 인정되어 왔다. 칼뱅은 "먼저 학자가 되지 않고서는, 영영 아무도 훌륭한 말씀 사역자가 되지 않을 것"이라고 썼다.[5] 스펄전 역시 그같이 확신했다. "공부에 더 이상 씨를 뿌리지 않는 사람은 설교단에서 더 이상 거두지 못할 것이다."[6] 그리고 1877년 자신의 예일 강좌에서

필립스 브룩스(Phillips Brooks) 주교가 말한 더 긴 인용문이 있다.

> 설교자의 삶은 분명 크게 축적하는 삶이다.···진리를 위해 공부하는 법을 배우고, 사고의 유익과 기쁨을 위해 사고하는 법을 배우라. 그러면 당신의 설교는 솟아나는 샘물 같을 것이고, 펌프로 퍼올리는 물과는 다를 것이다.[7]

우리 시대에 빌리 그레이엄은 이 합창에 자신의 목소리를 덧붙였다. 1979년 런던에서 약 600명의 목사들에게 강연하면서, 그는 만일 자신이 사역을 전부 다시 한다면, 두 가지를 바꾸겠노라고 말했다. 긴장된 분위기가 감돌았다. 그가 어떤 변화를 취하려 하겠는가? 첫째, 그는 자신이 했던 것보다 세 배는 더 공부하겠노라고 말을 이었다. "나는 너무 많이 설교하고, 너무 적게 공부했습니다." 둘째, 그는 더 기도하겠노라고 했다. 이렇게 말하면서 그는 우리가 제4장에서 숙고했던 사도들의 우선순위 두 가지를 염두에 두었음에 틀림없다. "우리는 오로지 기도하는 일과 말씀 사역에 힘쓰리라"(행 6:4).

깊이 사고하는 동시에 열정적인

다섯 번째 역설은 깊은 사고와 열정으로서, 모든 진정한 설교에는 지성과 감정이 연동하고, 명쾌한 사고와 깊은 정서가 겸비된다.

일부 설교자들은 극단적으로 깊이 사고한다. 그들의 책상에는 주석들과 기타 책들이 높이 쌓여 있다. 그들의 성경적 정통은 나무

랄 데 없이 완벽하다. 그들은 공부할 뿐 아니라, 공부의 열매를 설교단으로 가져온다. 모든 설교는 고통을 감내한 성경 석의와 적용의 산물이다.

그러나 그들의 설교는 침체될 대로 침체하여 건조하기 짝이 없다. 그들이 눈물을 흘리며 설교단에 기대어, 사람들에게 하나님과 화해하라고 간청하는 일은 결코 없을 것이다. 그들의 설교에는 아무런 감정도, 아무런 열기도, 아무런 심장도, 아무런 열정도 없다. 찰스 시므온(Charles Simeon)의 설교를 듣고 그랬던 것처럼, 그들의 설교를 듣고 어린아이가 이렇게 외치는 일은 결코 없을 것이다. "엄마, 저 아저씨가 무엇 때문에 저렇게 흥분하시는 거죠?" 도대체 어느 누가 십자가에 달리신 그리스도의 복음을 설교하면서 그것에 대해 감동을 느끼지 않을 수 있단 말인가?

다른 한편, 어떤 설교자들은 온통 불일 뿐 빛이 아니다. 그들은 설교단에서 호통을 치며 지껄여댄다. 그들은 바알의 예언자들처럼 발작에 이르기까지 흥분한다. 모든 설교는 길고 열렬한, 심지어는 끝도 없이 긴 호소다. 그러나 그러한 호소에 앞서 아무런 강해도 없기 때문에, 사람들은 무엇을 하라는 재촉을 받고 있는 것인지 혼돈스럽다. 강해 없이 호소 없고 호소 없이 강해 없다는 원칙을 고수하는 것이 안전하다. 고린도후서 5장에 나타난 사도 바울은 이 둘을 결합한 좋은 사례다. 먼저 강해가 나왔다. "모든 것이 하나님께로서 났으며, 그가 그리스도로 말미암아 우리를 자기와 화목하게 하시고"(18절). 그리고 나서 호소가 나왔다. "우리가 그리스도를 대신하여…간청하노니, 너희는 하나님과 화목하라"(20절).

리처드 백스터가 좋아하는 금언 중 하나는 '먼저 빛이 있은 다음 열이 난다'였다. 스펄전은 이렇게 썼다.

불은 물론 빛도 있어야 한다. 일부 설교자들은 온통 빛일 뿐 불이 없는 반면에, 다른 설교자들은 온통 불일 뿐 빛이 없다. 우리가 원하는 것은 불과 빛 모두다.[8]

이와 유사하게, 마틴 로이드 존스(Martyn Lloyd-Jones)는 「설교와 설교자들」(Preaching and Preachers, 복있는사람)이라는 책에서 이렇게 썼다.

설교란 무엇인가? 불붙은 논리(logic on fire)가 아닌가! 감동적인 이성(eloquent reason)이 아닌가! 이것이 모순인가? 물론 아니다. 이 진리에 대한 이성은 사도 바울을 비롯한 여러 사람들의 경우에서 보는 것처럼 대단히 감동적이어야 한다. 그것은 불붙은 신학이다. 나는 불붙지 않은 신학은 불량 신학이거나, 그것에 대한 인간의 이해가 불량이라고 주장한다. 설교는 불붙은 사람을 통하여 나오는 신학이다.[9]

지금까지 설교에 대한 다섯 가지 역설을 다루었다. 진정한 기독교 설교는,

성경적인 동시에 동시대적이고

(고대의 본문을 현대의 상황에 연결하는 것),

권위적인 동시에 잠정적이고

  (절대 무오한 말씀과 오류 가능성이 있는 해석자들을 구별하는 것),

예언적인 동시에 목양적이고

  (성실과 온유를 겸비하는 것),

은사인 동시에 공부하는 것이고

  (하나님의 은사와 인간의 자기 훈련을 필요로 하는 것),

깊이 사고하는 동시에 열정적이다

  (그리스도가 우리에게 성경을 열어 주실 때 마음이 불타오르는 것).

사탄은 모든 균형과 중용의 적이다. 사탄이 가장 좋아하는 취미 중 하나는 그리스도인들을 살짝 쳐서 균형을 벗어나게 하는 것이다. 그는 우리로 하여금 그리스도를 부인하게 하지 못하면, 우리로 하여금 그리스도를 왜곡시키도록 애쓴다. 그러므로 우리는 하나님이 결합하신 것을 분리하지 말고 상보적인 진리들을 결합함으로써, 'BBC', 즉 균형 잡힌 성경적 기독교(balanced, biblical Christianity)를 계발할 필요가 있다. 진정한 기독교 설교는 이러한 불협화음의 역설 속에서 발견되기 때문이다.

7　연보: 열 가지 원리[1]

기독교적 연보는 오늘날 교회에서 엄청나게 중요한 주제다. 지역 교회들은 종종 재정적 염려에 여념이 없고, 전 세계에서 재정 부족이 족쇄와 장애물이 되지 않는 기독교 기관이 하나라도 있을지 의심스럽다. 그렇다면 우리는 어떻게 기독교적 연보에 대해 성경적으로 생각할 수 있겠는가?

　사도 바울이 유대의 가난한 교회들을 위하여 아가야와 마게도냐의 헬라 교회들로부터 모금 계획을 준비했다는 것은 잘 알려져 있다. 바울이 로마서 15장, 고린도전서 16장, 고린도후서 8-9장에서 그 일을 언급했을 때, 이러한 세속적인 일로 자신의 서신에서 그토록 많은 지면을 할애했다는 것은 실로 드문 일로 보일 수 있다. 그러나 바울은 그것을 세속적인 일로 보지 않았다. 반대로 그는 그것을 하나님의 은혜와 그리스도의 십자가, 그리고 성령의 하나되게 하심과 관련된 것으로 보았다. 심오한 삼위일체 신학과 실제적인 상식이 이렇게 결합된 것은 실로 매우 감동적인 일이다.

고린도후서 8-9장에서 사도 바울은 기독교적 연보에 대한 열 가지 원리를 개진한다.

삼위일체로부터 나옴
첫째, **기독교적 연보는 하나님의 은혜의 표현이다.**

형제들아, 하나님께서 마게도냐 교회들에게 주신 은혜를 우리가 너희에게 알리노니, 환난의 많은 시련 가운데서 그들의 넘치는 기쁨과 극심한 가난이 그들의 풍성한 연보를 넘치도록 하게 하였느니라. 내가 증언하노니, 그들이 힘대로 할 뿐 아니라 힘에 지나도록 자원하여 이 은혜와 성도 섬기는 일에 참여함에 대하여 우리에게 간절히 구하니, 우리가 바라던 것뿐 아니라 그들이 먼저 자신을 주께 드리고 또 하나님 뜻을 따라 우리에게 주었도다. 이러므로 우리가 디도를 권하여 그가 이미 너희 가운데서 시작하였은즉, 이 은혜를 그대로 성취하게 하라 하였노라(고후 8:1-6).

바울이 북부 그리스에 있는 마게도냐 교회들의 너그러움을 먼저 언급하지 않는다는 점을 주목하라. 대신 그는 하나님의 너그러우심을 언급한다. "하나님께서 마게도냐 교회들에게 주신 은혜." 은혜는 너그러움을 이르는 또 다른 단어다. 다른 말로 하면, 마게도냐의 너그러움 이면에서 바울은 하나님의 너그러우심을 보았다.

은혜로우신 우리 하나님은 너그러우신 하나님이고, 그분은 자기 백성 가운데 역사하셔서 그들 역시 너그럽게 하신다.

이 너그러움의 강으로 세 개의 지류, 즉 환난의 많은 시련과 넘치는 기쁨과 극심한 가난이 함께 흘러 들어왔다. 결과적으로 마게도냐인들은 그들의 힘에 벅차도록 연보를 하였고, 그 일을 하는 특권을 간절히 구했다. 편안한 서구 문화는 다른 사람들의 필요에 대한 민감성을 너무나 쉽게 무디게 할 수 있다. 마게도냐인들에게는 편안함과 개인적 만족이라는 덫이 없었다. 그들의 가치는 완전히 달랐다. 그들은 먼저 자신을 하나님께 드렸고, 그 다음으로 바울과 그의 동역자들에게 내어주었다. 고린도인들에게는 물론 우리에게도 얼마나 대단한 모범인가!

> 은혜로우신 우리 하나님은 너그러우신 하나님이다.

다음으로 바울은 디도를 권하여, 얼마 전만 해도 아가야의 수도였던 고린도에서 이미 시작한 일을 완성하라고 한다. 디도가 시작한 일은 무엇인가? 그는 고린도인들에게 마게도냐인들과 같은 방식으로 연보를 하라고 권고하고 있었다.

여기가 바로 바울의 출발점이다. 그는 북부 그리스의 마게도냐 교회들에게 나타난 하나님의 은혜와 남부 그리스의 아가야 교회들에게 나타난 동일한 하나님의 은혜와 함께 출발한다. 그들의 기독교적 너그러움은 하나님의 너그러우심이 넘쳐흐른 것이다.

둘째, **기독교적 연보는 카리스마, 즉 성령의 한 은사일 수 있다.**

오직 너희는 믿음과 말과 지식과 모든 간절함과 우리를 사랑하는 이 모든 일에 풍성한 것같이 이 [연보의] 은혜에도 풍성하게 할지니라 (고후 8:7).

고린도인들은 이미 믿음, 말, 지식, 간절함, 사랑이라는 영적 은사에서 뛰어났다. 그런데 이제 사도는 그들에게 "이 [연보의] 은혜에도" 뛰어나라고 권고한다. 이와 유사하게 바울은 로마서 12:8에 나타난 또 다른 카리스마의 목록에 '다른 사람들의 필요에 기여하는 것'을 포함시킨다. 연보의 은혜는 성령의 은사다.

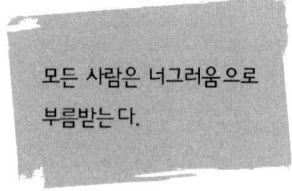
모든 사람은 너그러움으로 부름받는다.

하나님의 은사들은 모든 신자에게 어느 정도씩 후하게 부여되기도 하고 일부에게는 특별한 정도로 주어지기도 한다. 예컨대, 모든 그리스도인이 복음을 다른 사람들과 나누도록 부름받지만, 일부는 복음 전도자의 은사를 받는다. 모든 그리스도인이 다른 사람들을 위한 목양적 돌봄을 실천하라고 부름받지만, 일부는 목사가 되도록 부름받는다. 바로 이런 식으로, 모든 사람이 너그러움으로 부름받지만, 일부는 특별한 '연보의 은사'를 받는다. 상당한 재정 자원을 맡은 사람들은 그러한 자원에 대한 선한 청지기가 되어야 할 특별한 책임이 있다.

셋째, **기독교적 연보는 그리스도의 십자가로 말미암아 고무된다.**

내가 명령으로 하는 말이 아니요, 오직 다른 이들의 간절함을 가지고 너희의 사랑의 진실함을 증명하고자 함이로라. 우리 주 예수 그리스도의 은혜를 너희가 알거니와, 부요하신 이로서 너희를 위하여 가난하게 되심은 그의 가난함으로 말미암아 너희를 부요하게 하려 하심이라(고후 8:8-9).

바울은 고린도인들에게 그저 후하게 연보하라고 명령하지 않았다. 그것은 바울이 그들을 대하는 방식이 아니다. 그는 그들을 다른 사람들, 특히 그리스도(암시되어 있다)와 비교함으로써 그들이 지닌 사랑의 진실성을 시험한다. 그들은 "우리 주 예수 그리스도의 은혜"를 알고 있었기 때문이다.

> 우리가 연보할 때, 우리 역시 십자가에 대해 묵상할 수 있다.

하나님의 은혜에 대한 추가 언급을 주목해 보자. 하나님의 은혜는 우리 안에서 역사하고 있고, 그리스도의 은혜는 우리에게 같은 방식으로 반응하라고 도전한다. 너무 서두르지는 말자. 여기에 바울이 묘사하는 가장 엄중한 원리들 중 하나가 있으니 말이다. 가난에 대한 두 가지 언급과 부에 대한 두 가지 언급에 주목하라. 우리의 가난 때문에 그리스도가 자신의 부를 버리심으로써, 그분의 가난을 통하여 우리가 부요해질 수 있었다. 바울이 염두에 둔 것은 물질적인 가난과 부가 아니다. 그렇다, 그리스도의 '가난'은 그분의 성육신, 특히 그분의 십자가에서 나타난다. 반면에 그분이 우리에게 주시는 '부'는 구원과 구원의 모든 풍성한 복이다.

연보할 때, 우리 역시 십자가와 그리스도의 죽음을 통해 우리를 위해 성취된 모든 것들에 대해 묵상할 수 있다. 이와 비교해 보면, 이 땅에서 우리가 소유한 부란 얼마나 사소한 것인가!

소유에 따라 균등을 실현함
넷째, **기독교적 연보는 비례적인 연보다.**

이 일에 나의 뜻을 알리노니, 이 일은 너희에게 유익함이라. 너희가 일 년 전에 행하기를 먼저 시작할 뿐 아니라 원하기도 하였은즉, 이제는 하던 일을 성취할지니, 마음에 원하던 것과 같이 완성하되 있는 대로 하라. 할 마음만 있으면 있는 대로 받으실 터이요, 없는 것은 받지 아니하시리라(고후 8:10-12).

지난 한 해 동안 고린도의 그리스도인들은 연보에서뿐 아니라 연보하려는 열망에서도 먼저였다. 그래서 이제 바울은 그들이 이미 시작한 과업을 완수함으로써, 그들의 행위가 열망과 부합되게 하라고 권한다. 이것은 그들의 가진 것에 따라 행해져야 한다. 기독교적 연보는 비례적인 연보이기 때문이다. 간절하게 자원하는 마음이 우선이다. 자원하는 마음이 있는 한 연보는 연보자의 소유에 비례하여 받아들여질 수 있다.

"있는 대로"라는 표현을 통해 우리는 사도행전에 나타난 유사한 표현 둘을 상기할 수도 있다. 사도행전 11:29에서 안디옥 교회의 교인들은 기근이 닥친 유대의 그리스도인들에게 "각 사람이 그의 능력에 따라" 연보했다. 사도행전 2장과 4장에서 예루살렘 교회의 교인들은 '각 사람에게 그의 필요에 따라' 나누어 주었다.

이것을 읽으면서 무언가 떠오르지 않는가? 마르크스는 자신의 「고타 강령 비판」(*Critique of the Gotha Programme*, 1875)의 광고 전단에 '각 사람으로부터 그의 능력에 따라', '각 사람에게 그의 필요에 따라'를 새겨 넣을 수 있었는데, 그는 그런 사회가 되어야 한다고 주장했다. 나는 마르크스가 사도행전의 이 두 구절을 알고 있었는지, 그리고 그것을 일부러 빌려왔는지 종종 궁금하다. 어떤 정치·경제 체제에서든, 이것은 분명 우리가 속히 붙잡아야 할 성경적 원리다. 그리스도인의 연보는 비례적인 연보다.

마게도냐인들이 그들의 수입에 비례하여 연보했던 것처럼, 우리 역시 특별한 상황에서 희생적으로 드림으로써 연보하도록 부름받는 때가 있다. 그러나 여기에서 말하는 원리는 기본적인 것이다. 기독교적 연보는 우리의 수입에 비례한 것보다 결코 적어서는 안 된다.

다섯째, **기독교적 연보는 균등에 기여한다**.

이는 다른 사람들은 평안하게 하고 너희는 곤고하게 하려는 것이 아니요 균등하게 하려 함이니, 이제 너희의 넉넉한 것으로 그들의 부족한 것을 보충함은 후에 그들의 넉넉한 것으로 너희의 부족한 것을 보충하여 균등하게 하려 함이라. 기록된 것같이 많이 거둔 자도 남지 아니하였고, 적게 거둔 자도 모자라지 아니하였느니라(고후 8:13-15).

계속되는 설명을 볼 때, 바울의 바람은 어떤 사람들은 곤고하게 하고 다른 사람들은 평안하게 하려는 것이 아니다. 그것은 한 문제를 해결하면서 또 다른 문제를 야기함으로써 상황을 역전시킬 뿐이기 때문이다. 바울의 바람은 "균등하게 하는" 것이다. 이제 고린도인들의 넉넉함으로 다른 사람들의 부족함을 보충하였고, 나중에는 그들의 넉넉함으로 고린도인들의 부족함을 보충하게 될 것이다. 그렇게 함으로써 "균등하게" 될 것이다. 바울은 광야에서 만나가 공급된 사건을 예로 들어 그 원리를 설명한다. 하나님은 모든 사람에게 충분히 제공하셨다. 큰 가정들은 많이 거두었지만 남지 않았고, 작은 가정들은 적게 거두었지만 모자라지 않았다. 그들에게는 부족함이 없었다.

바울은 일부의 넉넉함을 다른 이들의 부족함과 나란히 놓으면서, 넉넉함으로 부족함을 채우도록 조정할 것을 요청한다. 이것은 '이소테스'(isotes)에 대한 관점과 함께 나타나는데, '이소테스'는 '균등' 혹은 '정의'를 의미할 수 있는 헬라어 단어다.

바울이 요청한 '균등'이란 무엇인가? 균등에는 세 가지 양상이 있다.

첫째, 균등은 균등주의(egalitarianism)가 아니다. 하나님의 뜻은 모든 사람이 똑같은 임금을 받고, 똑같은 집에서 살고, 똑같은 가구를 갖추고, 똑같은 옷을 입고, 똑같은 음식을 먹는 것이 아니다. 마치 우리 모두가 어떤 천상의 공장에서 대량 생산된 것처럼 말이다! 아니다. 우리의 창조 교리는 아무 색깔도 없는 획일성을 단연코 막아내야 한다. 창조주 하나님이 우리를 복제하지는 않으셨으니 말이다. 물론 우리는 가치와 존엄성에서 균등하고, 하나님의 형상으로 평등하게 지음받았다. 하나님은 악인과 선인 모두에게 비와 햇빛을 차별 없이 주신다. 그러나 하나님은 우리를 다르게 만드셨고, 체격, 용모, 기질, 성격, 능력 면에서 다채로운 색상을 주셨다.

둘째, 최소한 현대 세계에서만큼은, 균등은 교육 기회의 균등과 함께 시작된다. 그리스도인들은 언제나 문맹 퇴치와 만인 교육을 주장하는 무리의 선두에 서 왔다. '교육하다'(*educare*)의 문자적인 의미는 사람들의 창조된 잠재력이 가장 완전한 상태에 이르도록 이끌어내는 것인데, 그렇게 함으로써 하나님이 의도하시는 온전한 존재가 될 수 있기 때문이다. 예컨대, 교육 기회의 균등이란 모든 아이가 대학에 가는 것이 아니라, 대학 교육을 통해 유익을 얻을 능력이 있는 모든 아이가 기회를 가질 수 있을 것이란 의미다. 어떤 아이도 불리한 조건에 놓여서는 안 된다. 그것은 정의의 문제다.

셋째, 균등은 극단적인 사회적 불균형에 종막을 고한다. 탄자니아 대통령이었던 줄리어스 니에레레(Julius Nyerere)는 자신의 아루샤 선언(Arusha Declaration)에서, "아무도 타인의 부에 비추어 자신의 가난을 부끄러워하지 않고, 아무도 타인의 가난에 비추어 자신의 부를 부끄러워할 필요가 없는" 나라를 건설하고 싶다고 말했다.

선교사들도 같은 딜레마에 직면한다. 그들은 자신이 사역하는 나라 사람들을 모든 점에서 따르면서 '원주민과 같아져야' 하는가? 아니면 생활 방식을 전혀 바꾸지 않고 서구의 풍요를 계속 누려도 되는가? 필경 그 어느 쪽도 아니리라. "'복음과 문화'에 관한 윌로우뱅크 보고서"(The Willowbank Report on 'Gospel and Culture')는 "상호성의 기초 위에서 다른 사람들과 당황하지 않고 자연스럽게 피차 환대하는" 삶의 기준을 개발하라고 제안한다.²⁾

다른 말로 하면, 만일 경제적 차이 때문에 다른 사람의 집을 방문하거나 그들을 집으로 초대하는 것이 당황스럽다면, 무언가 잘못된 것이다. 이렇게 교제가 깨어졌다면 불균등이 너무 큰 것이다.

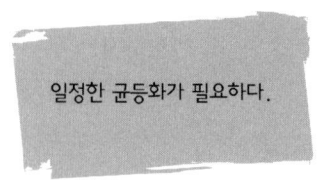

일정한 균등화가 필요하다.

이쪽으로건 저쪽으로건 혹은 양쪽으로건 일정한 균등화가 필요하다. 기독교적 연보는 이러한 균등에 기여한다.

면밀한 감독과 우호적인 경쟁

여섯 번째 원리는 **기독교적 연보는 면밀하게 감독되어야 한다는 것이다.**

너희를 위하여 같은 간절함을 디도의 마음에도 주시는 하나님께 감사하노니, 그가 권함을 받고 더욱 간절함으로 자원하여 너희에게 나아갔고, 또 그와 함께 한 형제를 보내었으니, 이 사람은 복음으로써 모든 교회에서 칭찬을 받는 자요, 이뿐 아니라 그는 동일한 주의 영광과 우리의 원을 나타내기 위하여 여러 교회의 택함을 받아 우리가 맡은 은혜의 일로 우리와 동행하는 자라. 이것을 조심함은 우리가 맡은 이 거액의 연보에 대하여 아무도 우리를 비방하지 못하게 하려 함이니, 이는 우리가 주 앞에서뿐 아니라 사람 앞에서도 선한 일에 조심하려 함이라.

또 그들과 함께 우리의 한 형제를 보내었노니, 우리가 여러 가지 일에 간절한 것을 여러 번 확인하였거니와, 이제 그가 너희를 크게 믿으므로 더욱 간절하니라. 디도로 말하면 나의 동료요 너희를 위한 나의 동역자요, 우리 형제들로 말하면 여러 교회의 사자들이요 그리스도의 영광이니라. 그러므로 너희는 여러 교회 앞에서 너희의 사랑과 너희에 대한 우리 자랑의 증거를 그들에게 보이라(고후 8:16-24).

돈을 다루는 것은 위험한 일이며, 바울은 그 위험성에 대해 분명히 의식하고 있다. 그는 "우리가 맡은 이 거액의 연보에

> **돈을 다루는 것은 위험한 일이다.**

대하여 아무도 우리를 비방하지 못하게 하려 함이니, 이는 우리가 주 앞에서뿐 아니라 사람 앞에서도 선한 일에 조심하려 함이라"고 쓴다. 그는 옳은 일을 할 뿐 아니라 옳은 방식으로 한다는 것을 보여 주기로 결심한다.

그렇다면 바울은 어떤 단계를 취했는가? 첫째, 그는 손수 재정을 운영하지 않고 디도에게 그 책임을 맡기면서 그에 대한 완전한 신뢰를 표현했다. 둘째, 바울은 디도와 함께 또 다른 형제를 보내었는데, 그는 "복음으로써 모든 교회에서 칭찬을 받는 자"라고 덧붙였다. 셋째, 이 두 번째 형제는 "여러 교회의 택함을 받아" 바울

과 "동행하며" 그 은혜의 일을 맡은 자였다(또한 고전 16:3을 보라). 연보를 맡아 예루살렘으로 전달하는 사람들은 교회의 택함을 받았는데, 이는 교회가 그들을 신뢰했기 때문이다.

이제 우리도 비방을 받지 않도록 유사한 예방 조치를 취하는 것이 현명하다. 교회는 연보를 집계할 때 참석할 사람들의 수에 유의하되 공개적으로 하는 것이 좋다. 또한 교인들에게 교회 재정에 대한 정기적인 보고를 하는 것이 좋다. 교회 생활에는 그러한 투명성이 필요하다. 왜냐하면 그것을 통해 교인들에게 신뢰감을 줄 수 있기 때문이다.

선교 기관들은 재정 운영에 대해 풍부한 경험을 바탕으로 지혜롭게 감독해 줄 위원회를 두어, 후원금을 사역에 제대로 투자하고 효과적으로 사용하도록 압박할 수 있게 하는 것이 중요하다. 더 넓은 그림으로 보면, 우리는 회계 감사는 물론, 모든 자선 기부에 대한 올바른 관행과 올바른 회계 보고를 규정해 주는 자선사업 감독 위원회(Charity Commission) 등의 기관들을 통한 정부의 감독에 대해 감사할 수 있다.

일곱 번째 원리는 **기독교적 연보는 약간의 우호적인 경쟁에 의해 촉진될 수 있다**는 것이다.

성도를 섬기는 일에 대하여는 내가 너희에게 쓸 필요가 없나니, 이는 내가 너희의 원함을 앎이라. 내가 너희를 위하여 마게도냐인들에게 아가야에서는 일 년 전부터 준비하였다는 것을 자랑하였는데, 과연 너희의 열심이 퍽 많은 사람들을 분발하게 하였느니라. 그런데

이 형제들을 보낸 것은 이 일에 너희를 위한 우리의 자랑이 헛되지 않고 내가 말한 것같이 준비하게 하려 함이라. 혹 마게도냐인들이 나와 함께 가서 너희가 준비하지 아니한 것을 보면, 너희는 고사하고 우리가 이 믿던 것에 부끄러움을 당할까 두려워하노라. 그러므로 내가 이 형제들로 먼저 너희에게 가서 너희가 전에 약속한 연보를 미리 준비하게 하도록 권면하는 것이 필요한 줄 생각하였노니, 이렇게 준비하여야 참 연보답고 억지가 아니니라(고후 9:1-5).

바울은 북부 그리스의 교회들(예컨대, 빌립보 교회)에게 남부 그리스의 교회들(예컨대, 고린도 교회)이 연보에 분발한 것을 자랑함으로써, 북부인들로 하여금 이러한 분발에 영향을 받아 행동을 취하도록 자극하였다. 이제 바울은 이미 언급한 형제들을 고린도로 보내는데, 이는 자신이 자랑했던 것이 헛되지 않고, 자신이 말한 대로 그들이 준비할 것을 확실히 하기 위함이다.

만일 일부 북부인들이 바울과 함께 와서 남부인들이 준비되어 있지 않다는 것을 발견한다면 크게 당황할 것이기 때문이다. 그래서 바울은 형제들을 미리 보내어, 그들이 약속한 연보 준비를 마칠 수 있게 하였다. 그렇게 함으로써 그들은 준비할 것이고, 그들의 연보는 인색하지 않고 후할 것이다. 앞서 바울은 남부인들의 너그러움에 대해 자랑함으로써, 북부인들이 후하게 내어놓을 수 있게 했다. 이제 그는 남부인들에게 후하게 내어놓으라고 촉구함으로써, 북부인들이 그들에 대해 실망하지 않도록 한다.

바울이 북부와 남부를 서로 경쟁 붙여 양자의 후한 마음을 자극하는 것을 보면 꽤 재미있다. 경쟁은 위험한 게임이다. 특히 기부자의 이름이나 기부액을 공개적으로 알린다면 말이다. 그러나 우리는 모두 다른 사람들의 너그러움에 대해 들음으로써 더 큰 너그러움을 베풀도록 자극받을 수 있다.

일부 교회에서는 당회나 장로들을 회중 앞으로 나오게 하여 교회 건축 계획에 먼저 서약하도록 하고, 교회 연보일에 모금 총액을 (개인 이름 없이) 교회 앞에 공표한다. 희생적인 큰 연보가 필요한 이러한 특별한 계획을 지도자들이 실제로 뒤에서 후원하고 있음을 알 때, 교인들의 믿음이 세워질 수 있다.

추수의 상징적 의미

여덟 번째 원리는 **기독교적 연보는 추수와 닮았다**는 것이다.

이것이 곧 적게 심는 자는 적게 거두고, 많이 심는 자는 많이 거둔다 하는 말이로다. 각각 그 마음에 정한 대로 할 것이요 인색함으로나 억지로 하지 말지니, 하나님은 즐겨 내는 자를 사랑하시느니라. 하나님이 능히 모든 은혜를 너희에게 넘치게 하시나니, 이는 너희로 모든 일에 항상 모든 것이 넉넉하여 모든 착한 일을 넘치게 하게 하려 하심이라. 기록한 바, 그가 흩어 가난한 자들에게 주었으니, 그의 의가 영원토록 있느니라 함과 같으니라. 심는 자에게 씨와 먹을 양식을 주시는 이가 너희 심을 것을 주사 풍성하게 하시고 너희 의의 열매를 더하게 하시리니, 너희가 모든 일에 넉넉하여 너그럽게 연보를 함은…(고후 9:6-11상).

여기서 추수의 원리 두 가지가 기독교적 연보에 적용된다.

첫째, 우리가 뿌린 것을 거둔다. 누구든지 적게 심는 자는 적게 거두고, 많이 심는 자는 많이 거둔다. '씨뿌림'은 연보의 성격을 분명히 보여 주는 그림이다. 그렇다면 우리는 무엇을 '거두리라'고 기대할 수 있는가? 바울의 관점을 너무 문자적으로 해석해서는 안 된다. 우리가 더 많이 연보하면 더 많이 얻을 것이라고 말하고 있는 것처럼 말이다. 그렇지 않다. 우리 각자는 "그 마음에 정한 대로" 주되 인색함으로나 억지로가 아니라 아낌 없이 주어야 한다. 이는 "하나님은 즐겨 내는 자를 사랑하시기" 때문이다. "그 마음에 정한 대로"라는 구절에서 잠시 멈춰 보자. 이것은 얼마를 모아 두어야 할지 이미 마음에 정하였음을 시사하는데, 그것은 면밀하게 숙고한 후에 내린 결정으로서 기쁨과 기꺼운 마음이 항상 수반된다.

이쯤 해서 고린도인들에게 보낸 바울의 이전 편지와 체계적인 연보에 대한 그의 권고를 상기해 보는 것이 좋겠다(고전 16:1-3). 그는 모든 사람은 "매 주 첫날에" 자신의 수입에 따라 모아 두어야 한다고 말했다. 오늘날 교회 헌금과 선교 헌금을 위해 은행 이체를 설정하는 장치는 이에 매우 잘 부합할 것이다. 우리는 여기서 '결정'의 중요성을 다시 한 번 상기하게 된다. 일시적인 기분으로 헌금하는 것은 별로 중요하지 않다. 시간을 가지고 마음에 확신을 구하는 것이 얼마나 더 훌륭한 일인가.

우리가 이런 정신으로 연보한다면, 어떤 일이 일어나겠는가? 어떤 수확을 거두리라 기대할 수 있는가? 그 대답은 이중적이다. "하나님이 능히 모든 은혜를 너희에게 넘치게 하심"으로써, 당신은 "모든 일에"(반드시 물질적인 것에서가 아니고) 필요한 모든 것을 가질 수 있고, 하나님은 "모든 착한 일을 넘치게" 하실 것이다. 왜냐하면 봉사를 할 수 있는 기회가 더욱 늘어날 것이기 때문이다. 시편 기자가 말한 것처럼, 가난한 자들에게 준 결과 영원토록 지속되는 의를 소유하게 된다(시 112:9).

둘째, 우리가 수확한 것에는 이중적인 목적이 있다. 먹기 위한 목적과 나중에 씨를 뿌리기 위한 목적이다. 수확의 하나님은 우리의 현재 배고픔을 덜어 주는 것뿐 아니라 미래를 위해 준비하는 데도 관심을 두신다. 그러므로 그분은 '음식으로서의 빵'(즉각적인 소비)과 '씨 뿌리는 자를 위한 씨앗'(다음 절기가 돌아오면 파종할) 모두를 제공하신다. 같은 방식으로 하나님은 "너희 심을 것을 주사 풍성하게 하시고 너희 의의 열매를 더하게 하신다."

이 구절들은 '종잣돈' 개념의 기원으로서, 하나님이 기부자의 연보를 몇 배로 늘려주시기를 기대한다. 바울은 어떤 사람들이 주장해 온 것처럼 '번영의 복음'을 가르치고 있는 것이 아니다. 참으로 바울은 "너희가 모든 일에 넉넉할" 것이라고 약속한다. 그러나 그는 즉시 "[그러므로 너희가 모든 경우에] 너그럽게 연보[할 수 있을]" 것이므로 연보를 늘리라고 덧붙인다. 부는 너그러움에 대한 관점에 달려 있다.

아홉 번째 원리는 **기독교적 연보는 상징적인 의미를 담고 있다**는 것이다.

기독교적 연보에는 보기보다 많은 의미가 담겨 있다. 바울은 여기에 대해 아주 분명하다. 그리스 교회들의 경우 그들의 연보는

"그리스도의 복음을 진실히 믿는" 것을 상징적으로 보여 주었다 (고후 9:13). 어떻게 그런가?

바울은 단순한 돈의 전달을 넘어 그것이 의미하는 것을 바라본다. 여기에는 **지리적**이거나(그리스로부터 유대로) **경제적인**(부자로부터 가난한 자에게로) 것 이상의 의미가 있다. 여기에는 또한 **신학적**인(이방인 그리스도인들로부터 유대인 그리스도인들에게로) 의미가 있는데, 이는 그리스도의 몸 안에 있는 유대인-이방인 연대에 대한 계획적이고 자의식적인 상징이었기 때문이다.

실로 이러한 진리(유대인과 이방인들이 동일한 조건으로 그리스도의 몸으로 받아들여짐으로써, 그리스도 안에서 그들이 함께 상속자요, 함께 지체요, 함께 참여하는 자가 된다는)는 바울에게 이미 계시된 '신비'였다.[3] 이것은 바울 특유의 복음이 갖고 있는 핵심이다. 곧 바울이 그것을 위해 살았고, 옥에 갇혔고, 죽었던 바로 그 진리다. 여기에 암시되어 있는 것은 로마서 15:25-28에서 더욱 상세히 설명된다.

> 우리의 기독교적 연보는 우리의 신학을 나타낼 수 있다.

바울은 그리스의 이방인 교회들이 유대의 가난한 그리스도인들을 위하여 "기쁘게" 연보하였다고 썼다. 그는 "저희가 기뻐서 하였거니와"라고 반복했다. "저희는 그들에게 빚진 자니, 만일 이방인들이 그들의 영적인 것을 나눠 가졌으면"(메시아 자신이 오심으로써 최고조에 달한 영적인 복), "육적인 것으로 그들을 섬기는 것이 마땅하니라"(롬 15:27). 이것은 그리스도인의 교제에 대한 놀랄 만한 설명이자 선언이다.

유사한 방식으로 우리의 기독교적 연보는 우리의 신학을 나타낼 수 있다. 예컨대, 우리가 선교 사업에 기여할 때, 우리는 복음이 하나님의 구원의 능력이고, 모든 사람이 그것을 들을 권리가 있다는 우리의 확신을 표현하고 있는 것이다. 우리가 경제 개발에 기부한다면, 우리는 남자건 여자건 어린이건 모든 사람이 하나님의 형상을 품고 있으므로 비인간적인 환경에서 살아서는 안 된다는 우리의 믿음을 표현하는 것이다. 우리가 교회의 성숙을 위해 기부한다면, 우리는 하나님의 목적에서 교회 성숙의 중심성과 교회 성숙을 향한 하나님의 열망을 인정하는 것이다.

결과: 하나님께 대한 감사

마지막으로, **기독교적 연보는 하나님께 대한 감사를 증진한다**.

지금까지 다룬 두 장의 결론에 해당하는 단락에서(고후 9:11하-15), 바울은 고린도인들이 낸 연보의 궁극적인 결과로 하나님께 대한 감사와 찬양을 증진하게 될 것이라는 자신의 확신을 네 번이나 분명히 말한다.

[너희의 너그러움은] 하나님께 감사하게 하는 것이라(11절).

이 봉사의 직무가…사람들이 하나님께 드리는 많은 감사로 말미암아 넘쳤느니라(12절).

이 직무로 증거를 삼아 너희가 그리스도의 복음을 진실히 믿고 복종하는 것과 그들과 모든 사람을 섬기는 너희의 후한 연보로 말미암아 하나님께 영광을 돌리고(13절).

말할 수 없는 그의 은사로 말미암아 하나님께 감사하노라(15절).

진정한 기독교적 연보는 사람들로 하여금 연보자인 우리에게 감사할 뿐 아니라 하나님께 감사하게 한다. 또한 그들에게 주는 우리의 선물을, 그분의 아들을 선물로 주신 데서 최고조로 나타난, 말로 형언할 수 없는 은혜의 빛을 통해 보게 한다.

돈을 전달하는 사건 속에 아주 많은 것이 관련되어 있다는 것은 참으로 놀랍다. 우리에게는 삼위일체 교리—하나님의 은혜, 그리스도의 십자가, 성령의 하나되게 하심—가 있고, 또 그리스도의 한 사도의 실제적인 지혜가 있다. 영적 진리와 실제적 지혜가 나란히 작동하고 있다.

세계 건너편에 있는 다른 사람들을 도와주면서 하나님께 영광을 돌린다는 것이 얼마나 놀라운 특권인가. 그분이 청지기 된 우리에게 맡기신 돈을 더 내어놓는 일은 이런 결과로 이어질 것이다. 그리고 그분 자신의 영광을 위하여 하나님께 감사를 더하는 것은 분명 우리의 최고 목적이다.

나는 고린도후서의 이 두 장에 대한 연구를 통해 우리의 연보가 한 차원 높아지고, 더 사려 깊고 더 조직적이고 더 희생적으로 연보하도록 우리를 설득하기를 희망한다. 나 자신도 (먼저 나 자신에게 말하면서) 이미 나의 연보를 검토하고 증액했다. 당신도 이와 같이 하기를 담대히 희망해 본다.

8 영향력: 소금과 빛

시대와 지역을 망라하여 그리스도인들이 직면하는 가장 중요한 질문 중 하나는 이것이다. 어떠한 가치와 기준이 우리 나라의 문화를 지배하려고 하는가? 오늘날 대부분의 나라는 인종과 종교에서 점점 더 다원주의적이 되어 간다. 즉 기독교, 이슬람교, 세속주의, 유물론, 고대 종교들과 현대 신흥 종교들이 모두 우리 나라의 영혼을 얻기 위해 경쟁하고 있다. 누가 승리할 것인가? 그리스도인에게 이것은 일차적으로 복음 전도적인 질문이다. 예수 그리스도는 그분의 이름에 합당한 존중을 받으실 것인가? 하나님은 그분을 최고로 높이셨고, 모든 무릎이 그분에게 굽혀 절하며 모든 입술이 그

> 그리스도인들은 자신의 나라에 영향을 미칠 수 있겠는가?

분을 '주'로 고백해야 하는데 말이다.

그러나 이것은 또한 사회적이고 문화적인 질문이다. 그리스도인들은 자신의 나라에 영향을 미침으로써, 하나님 나라의 가치와 기준이 그 나라의 문화 전반—도덕적·생명윤리적인 문제들에 대한 의견 일치, 인권 의식, 인간 생명(태아, 장애인, 노인을 포함하여)의 존엄성에 대한 존중, 집 없는 사람과 실업자와 가난의 굴레에 갇혀 있는 사람들에 대한 관심, 반체제자에 대한 태도, 환경에 대한 청지기 의식, 범죄인에 대한 대우, 시민들의 모든 생활 방식—에 스며들게 할 수 있겠는가? 이 모든 것을 포함한 더 많은 것들이 '그 나라의 문화'다.

우리 주 예수 그리스도가 **자신의** 가치와 기준이 널리 퍼지기를 원하신다는 사실은 분명 의심할 수 없을 것이다. 그분은 정의를 사랑하시고 악은 어디에서든 미워하신다(시 45:7). 그래서 자신의 사람들을 세상 밖으로 보내어, 복음을 선포하고 제자를 삼게 하심은 물론, 온 사회를 아름답게 하고 그 사회를 통하여 하나님을 더 기쁘시게 하고, 그 사회를 더 정의롭고, 더 참여적이고, 더 자유롭게 만들도록 하신다.

이것은 분명 매우 거대한 요청이다. 그런데 이것이 정당화될 수 있는가? 여기에는 성경적인 근거가 있는가? 나는 그렇다고 생각한다. 마태복음 5:13-16에서 그 답을 찾을 수 있다.

너희는 세상의 소금이니, 소금이 만일 그 맛을 잃으면 무엇으로 짜게 하리요? 후에는 아무 쓸 데 없어 다만 밖에 버려져 사람에게 밟힐

뿐이니라. 너희는 세상의 빛이라. 산 위에 있는 동네가 숨겨지지 못할 것이요, 사람이 등불을 켜서 말 아래에 두지 아니하고 등경 위에 두나니, 이러므로 집 안 모든 사람에게 비치느니라. 이같이 너희 빛이 사람 앞에 비치게 하여 그들로 너희 착한 행실을 보고 하늘에 계신 너희 아버지께 영광을 돌리게 하라.

우리는 모두 소금과 빛을 익히 알고 있다. 이 둘은 가장 일반적인 가정 필수품이다. 전 세계 모든 문화의 모든 가정에서 그것들을 실제로 발견할 수 있다. 예수님 시대의 팔레스틴에서도 모든 사람들이 분명 그것들을 사용했다. 그분은 소년 시절부터 그것들을 잘 알았을 것이고, 어머니가 부엌에서 소금을 사용하는 것을 지켜보았을 것이다. 냉장고가 없었던 그 당시, 소금은 맛을 내기 위해서보다는 보존 및 방부용으로 더 많이 사용되었다. 마리아는 소금을 생선에 뿌리거나 고기에 문지르고, 소금물에 고기를 담가 두었을 것이다. 그리고 해가 떨어지면 기름 등불에 불을 붙였을 것이다.

이것은 예수님이 의도하신 영향력, 즉 자신의 제자들이 세상 속에서 행사해야 할 영향력을 알려 주고자 선택하신 이미지 혹은 모델이다. 그분이 의미하신 것은 무엇인가? 우리는 그분이 택하신 은유에서 마땅히 무엇을 추론할 수 있는가? 이에 대해 나는 예수님이 소금과 빛이라는 모델을 통하여 공동체적으로는 자신의 교회에 대한, 개인적으로는 제자들에 대한 네 가지 진리를 가르치셨다고 답하고자 한다. 이러한 추론의 타당성 여부를 결정하는 것은 독자들에게 맡긴다.

소금과 빛의 진리

첫째, **그리스도인은 비그리스도인과는 근본적으로 다르다.** 혹은 달라야 한다. 두 이미지(소금과 빛)는 두 공동체를 서로 대조시킨다. 한편에는 모든 악과 비극으로 밤처럼 어두운 세상이 있고, 다른 한편에는 어두운 세상의 빛이 되어야 할 '당신들'이 있다. 또 한편에는 썩어 가는 고기와 물고기 같은 세상이 있고, 다른 한편에는 소금이 되어 사회적 부패를 막아야 할 '당신들'이 있다. 우리라면 익숙한 관용구를 사용하여 그 둘은 물과 기름처럼 다르다고 말했을지도 모른다. 그러나 예수님은 우리가 빛과 어둠처럼 그리고 소금과 부패처럼 달라야 한다고 말씀하셨다.

> 예수님은 우리가 달라야 한다고 말씀하셨다.

이것은 성경 전체의 주요 주제로서, 하나님은 자신을 위하여 한 백성을 부르셔서 그들이 지배적인 문화와 다르게 될 것을 의도하셨다. 그분은 그들에게 "내가 거룩하니 너희도 거룩하라"고 말씀하신다. 산상수훈에서 예수님은 자신의 제자들에게 "그들을 본받지 말라"(마 6:8)고 말씀하셨고, 로마서에서 바울은 "이 세대를 본받지 말라"(롬 12:2)고 썼다. 그것은 근본적으로 달라야 한다는 부름이다.

둘째, **그리스도인들은 비기독교 사회 속으로 스며들어야 한다.** 우리는 비록 영적·도덕적으로 구별되지만, 사회적으로 분리되어서는 안 된다. 반대로 "너희 빛이 … 비치게" 해야 한다. 즉, 그 빛이 어둠을 뚫고 들어가게 해야 한다. 계속해서 예수님은 등불을 켜서 침대 밑이나 캄캄한 찬장 안에 두지 말라고 말씀하셨다. 그 대신 등불을 등경 위에 두어 그 빛이 비치게 해야 한다. 다른 말로 하면, 세상의 빛이신 예수 그리스도의 복음을 당신의 말과 행동을 통하여 세상 전체에 퍼뜨려야 한다.

이와 유사하게, 소금은 고기 속으로 스며들어야 한다. 등불이 찬장 안에 있으면 아무 소용이 없고, 소금이 소금 단지 안에 머물러 있으면 아무 소용이 없다. 빛은 어둠 속으로 비쳐야 하고, 소금은 고기 속으로 스며들어야 한다. 이 두 모델은 침투의 과정을 예시하면서, 우리를 사회 속으로 침투하라고 부른다. 그러나 우리 중 너무도 많은 사람들이 어둡고 작은 찬장 속에 숨어 있고, 고상하고 작은 교회 조직이라는 소금 단지 안에 편안하게 머물러 있다.

> 우리 중 너무도 많은 사람들이 어둡고 작은 찬장 속에 숨어 있다.

1884년에 조지 버나드 쇼(George Bernard Shaw)와 시드니 웹(Sidney Web) 등이 페이비언 협회(Fabian Society)를 창립하였다. 이 단체가 공언한 목적은 영국을 사회주의화한다는 것이었는데, 볼셰비키 혁명이나 정치적 음모와 공모가 아니라 침투 수법을 통해서 그렇게 한다는 것이었다. 특별히 그들은 사회주의 관념을 품고 보수당과 자유당(당시에는 노동당이 없었다) 속으로 침투하려고 했다. 나중에 웰스(H. G. Wells)는 그 창설 주역들에 대해 불평하면서 그들의 침투 수법은 실패라고 선언했다. 그는 그들이 평판 좋은 사회주의를 품고 영국 사회에 침투한 것은 쥐 한 마리가 고양이에게 침투했다고 말하는 것과 다를 바 없었다고 말했다. 다른 말로 하면, 그들이 사회에 침투하기는커녕 사회가 그들을 삼켜 버렸던 것이다. 애석하게도, 오늘날 우리 많은 그리스도인들에 대해서도 같은 말을 할 수 있다.

그리스도를 위해 세속 문화에 침투하는 한 가지 방법은 우리의 일상사를 통하는 것이다. 나는 젊은 시절, 직업에는 피라미드가 있다고 믿도록 양육받았다. 그 꼭대기에는 타문화 선교사가 있었다. 그는 우리의 영웅이었다. 만일 그리스도를 위한 열정이 그에게 미치지 못했다면, 자기 나라에 남아 목사가 되었을 것이다. 만일 그것도 벅찼다면, 중요한 직업(법조, 교육, 혹은 의료) 중 하나로 진출했을 것이다. 반면에 만일 정치나 미디어 쪽으로 진출했다면, 그는 분명 타락에서 멀지 않았을 것이다.

그러나 나는 오래 전에 이 피라미드를 깨뜨려 버렸다. 나를 오해하지는 말라. **만일 하나님이 부르신다면**, 선교사나 목사가 되는 것은 훌륭한 일이다. 그러나 의사나 교사나 법조인이 되는 것이 자신의 소명이라면 마찬가지로 훌륭한 일이다. 그리고 하나님의 부르심을 받고 정치와 미디어 영역으로 진출하여 거기에서 그리스도를 위하여 사는 더 많은 그리스도인들이 시급히 필요하다.

셋째, 그리스도인들은 비기독교 사회에 영향을 미치고 그것을 바꿀 수 있다. 여기에는 더욱 논란의 여지가 있을 수 있는데, 계속해서 소금과 빛의 은유를 숙고해 보자.

소금과 빛은 둘 다 유용한 물건이다. 그것들은 만나는 환경을 변화시킨다. 고기나 생선에 소금을 뿌리면 무슨 일인가가 발생한다. 즉, 박테리아에 의한 부패가 방지된다. 또한 빛을 밝히는 스위치를 켜면 무슨 일인가가 발생한다. 즉, 어둠이 물러난다. 더구나 우리는 소금과 빛이 서로 보완적인 효과를 갖고 있다고 주장할 수도 있다. 소금의 영향은 소극적이어서, 박테리아에 의한 부패를 막는다. 빛의 영향은 적극적이어서, 어둠을 밝힌다. 이와 같이 예수님이 의도하신 바 사회에 대한 그리스도인의 영향력에는 소극적인 면(악의 확산을 저지하는 것)과 적극적인 면(진리, 선, 그리고 특히 복음의 확산을 촉진하는 것) 둘이 있다.

그렇다면 왜 우리 그리스도인은 사회에 더 건전한 유익을 미치지 않는가? 우리는 주변에서 타락의 경향을 본다. 사회적 불의와 인종 갈등과 거리 폭력과 상류층의 타락과 성적 난잡함과 에이즈라는 재앙을 본다. 누구를 탓해야 하는가? 우리는 자신을 제외한 모든 사람을 탓하는 습관이 있다. 그러나 나는 다른 방식으로 설명해 보겠다.

만일 밤에 집이 어둡다면, 집이 어둡다고 집 탓을 하는 것은 어리석은 일이다. 그것은 해가 저물 때 생기는 일이다. 우리가 물어야 할 질문은 바로 이것이다. 빛은 어디에 있는가?

또한 고기가 썩어서 먹을 수 없다면, 고기가 썩었다고 고기 탓을 하는 것도 어리석은 일이다. 그것은 박테리아가 번식하도록 내버려둘 때 생기는 일이다. 우리가 물어야 할 질문은 바로 이것이다. 소금은 어디에 있는가?

이와 마찬가지로, 만일 사회가 타락했다면(어둔 밤이나 악취

나는 생선처럼), 사회가 타락했다고 사회 탓을 하는 것은 어리석은 일이다. 그것은 인간의 악이 저지당하지 않고 억제되지 않을 때 생기는 일이다. 우리가 물어야 할 질문은 바로 이것이다. 교회는 어디에 있는가? 예수님의 소금과 빛은 어디에 있는가?

마치 그것이 우리의 책임이 아닌 것처럼 눈썹을 치켜올리고 어깨를 으쓱하는 것은 위선적이다. 예수님은 세상의 소금과 빛이 되라고 말씀하신다. 그러므로 어둠과 부패가 심하다면, 그것은 대부분 우리의 잘못이므로, 우리가 큰 책임을 져야 한다.

우리는 또한 새로운 각오로 예수님이 명하신 소금과 빛의 역할을 받아들여야 한다. 개인뿐 아니라 사회 역시 변화될 수 있다. 물론 우리가 사회를 완전하게 할 수는 없지만, 개선할 수는 있다. 그리스도인들은 공상적 이상주의자가 아니다. 그리스도가 영광 가운데 오실 때까지 완전한 평화와 정의의 세상은 없을 것이다. 그럼에도 역사는 세상이 더 나아진 사례들로 가득하다. 보건 위생의 향상, 문맹 퇴치 및 교육 기회의 대폭 확대, 여성 해방, 광산과 공장과 감옥 환경의 개선, 노예 제도와 노예 무역의 폐지 등.

이 모든 진전이 전적으로 기독교의 영향에 기인한다고 주장할 수는 없다. 그러나 우리는 예수 그리스도가 (자신을 따르는 사람들을 통하여) 선한 일에 지대한 영향을 미쳐 오셨다고 주장할 수 있다.

사회 변화를 위한 무기들

예일 대학의 케네스 스코트 라토레트(Kenneth Scott Latourette) 교수는 일곱 권짜리 「기독교 확장사」(*History of the Expansion of*

Christianity)를 썼다. 그 결론부에는 다음과 같은 말이 있다.

> 지금까지 이 혹성에 살았던 어떤 인생도 [그리스도가 미친 영향만큼] 인간사에 그토록 영향을 미치지 못했다.…그 짧은 삶과 명백한 실패로부터 강력한 힘이 흘러나와 인간의 오랜 싸움에 대한 값을 승리로 치렀다. 그 힘은 인류가 알았던 그 어떤 것보다도 강력한 것이었다.[1]

그런데 사회 변화는 어떻게 일어나는가? 나는 그리스도인들이 무기고에 갖출 여섯 가지 무기를 권한다.

> 기독교의 사회적 책임은 사회적으로 책임 있는 그리스도인들에게 달려 있다.

첫째, **기도**가 있다. 나는 당신이 이것을 경건한 상투어로 무시하지 않기를 간청한다. 그리스도인은 하나님이 기도를 들으시고 응답하신다고 믿는다. 그래서 바울은 "우리가…고요하고 평안한 생활을" 할 수 있도록 나라의 지도자들을 위해 (우선적으로) 기도하라고 명한다(딤전 2:1-2). 그런데 내가 방문한 일부 교회에서는 중보 기도를 거의 하지 않는다. 때때로 나는 세계 평화와 복음화가 느리게 진전되는 것이 하나님의 백성들이 기도하지 않기 때문이 아닌가 생각한다. 예컨대, 필리핀의 마르코스 대통령이 1986년에 권좌에서 끌려 내려왔을 때, 필리핀의 그리스도인들은 그것을 '민중의 힘'(people power)이라기보다는 '기도의 힘'(prayer power) 덕택으로 돌렸다. 우리는 공적인 중보 기도의 임무를 더 진지하게 감당해야 한다. 만일 지역 교회들이 매주 일요일 10분, 20분, 혹은 30분 동안 하나님 앞에 엎드린다면, 하나님이 과연 그분의 뜻대로 무엇을 하실지 궁금하다.

둘째, **복음 전도**가 있는데, 이것은 사회 변화와 관련하여 수행해야 할 없어서는 안 될 요소다. 기독교의 사회적 책임은 사회적으로 책임 있는 그리스도인들에게 달려 있는데, 사회적으로 책임 있는 그리스도인들은 복음 전도의 열매이기 때문이다. 우리가 사회적 양심을 개발하고 사회를 변화시킬 비전과 용기를 얻는 것은 바로 성령이 우리를 변화시키실 때다.

제프리 무어하우스(Geoffrey Moorhouse)의 책 「콜카타」(*Calcutta*)를 평하면서, 존 테일러(John V. Taylor, 고인이 된 원체스터의 주교)는 그 도시가 안고 있는 문제가 명백히 구제불능이라고 썼다.

> 그러나 절망으로부터 신앙으로 향하도록 결정적인 영향을 주는 것은 언제나 그러한 상황을 넘어선 사람이다. 무어하우스의 책은 그러한 사람들(윌리엄 캐리, 마더 테레사 등)로 가득하다.…그들은 그 도시의 함정에 빠지지도 않고 그 도시에서 도피하지도 않는다. 그들은 상황을 초월했다. 구원은 해결책과는 다르다. 구원은 해결책에 선행하며, 해결책을 가능한 것으로 만든다.…여전히 개인 구원—일단 기어의 구원(salvation in first gear)—이 그 입구다. 그것은 결정론의 문을 여는 열쇠다.…[2)]

우리의 무기고에 있는 세 번째 무기는 **모범**이다. 인간은 그 본성상 모방적이다. 그러므로 모범에는 큰 힘이 있다. 의를 위하여 타협하지 않는 그리스도인 한 사람이 다른 사람들로 하여금 자신을 따르도록 용기를 부여하게 된다. 기독교 가정 하나가 모든 이웃에게 영향을 미칠 수 있다. 헌신된 그리스도인 모임 하나(학교, 대학, 병원, 사무실 혹은 공장에서)가 그 분위기와 기성 가치들을 바꿀 수 있다. 지역 교회에 대한 하나님의 뜻은 '그 나라의 표지', 즉 인간 사회가 하나님의 통치 아래 있을 때 어떤 모습이 될지를 보여 주는 모델로서, 매력적이고 대안적인 사회가 되는 것이다.

우리의 네 번째 무기는 **논쟁**이다. 결국 불의한 사회 구조들은 법 제정을 통해서만 변화될 수 있다. 법을 제정한다고 해서 악한 사람을 선하게 만들 수는 없지만, 사회 속에서 악의 수준을 낮춤으로써 그 사회를 통해 하나님을 더 기쁘시게 할 수 있다.

마틴 루터 킹은 이 차이를 이해했다. 그는 "도덕은 법으로 정할 수 없지만, 행동은 법으로 통제할 수 있다. 사법적 판결이 마음을 바꿀 수 없을지 모르지만, 무자비한 사람을 제어할 수는 있다"고 썼다.[3]

그는 또한 다음과 같이 썼다.

정부의 조치가 현재의 위기에 대한 모든 답은 아니지만, 부분적으로는 중요한 답이다.…법이 고용주로 하여금 나를 사랑하게 만들 수는 없지만, 내 피부색 때문에 고용하기를 거절하지 못하게 할 수는 있다.[4]

민주주의에서 법 제정은 동의에 달려 있고, 동의는 합의(즉 여론)에 달려 있고, 합의는 논쟁, 즉 공적 토론으로 들어가 논쟁에서 이기는 것에 달려 있다.

우리는 하나님이 윤리적인 사상가들을 더 많이 일으켜 주시도록 기도해야 한다. 시내 산에 올라가서 십계명을 선포할 사람뿐만 아니라 하나님의 기준이 최선임을 논증할 사람이 필요하다. 하나님의 복음의 진리를 논증할 신학적 변증가들이 필요한 것처럼, 하나님의 법이 선함을 논증할 윤리적 변증가들이 필요하다.

우리의 무기고에 있는 다섯 번째 무기는 **행동**, 즉 사회·정치적 행동이다. 그러나 이에 대해 '그리스도인들은 정치를 피해야 하지 않는가?'라는 반응이 나올지도 모른다.

> 고난은 우리의 진정성에 대한 하나의 시험이다.

그 답은 우리가 '정치'를 어떤 의미로 보는가에 달려 있다. 좁게 정의하면, 정치는 통치 형태에 대한 과학으로서, 사회의 신념과 가치를 구현하는 법 체계를 만들어 내는 것이다. 그런데 '폴리스'(*polis*)는 도시를 의미하므로, 넓게 정의하면 정치는 공동체 속에서 더불어 사는 것이다. 좁은 의미에서 정치는 정치인들을 위한 것이다. 법 개정을 위한 정책과 프로그램을 개발하는 것은 정치인의 소명이다. 그러나 넓은 의미에서 정치는 모든 사람을 위한 것이다. 왜냐하면, 예수님은 우리 모두를 세상으로 보내셔서 섬기라고 하시고, 우리는 모두 책임 있는 시민들로 부름받아 민주적인 권리를 행사하고, 우리 자신이 투표할 뿐 아니라 다른 사람들의 투표에 영향을 미치도록 노력하며, 현재 당면한 문제들에 대해 발언하며 글을 쓰고, 공적이고 평화적인 저항과 증거에 참여하며, 그리고 이러한 방식으로 사회에 소금과 빛이 되어야 하기 때문이다.

우리의 무기고에 있는 여섯 번째이자 마지막 무기는 **고난**으로서, 우리가 믿는 것 때문에 기꺼이 고난받는 것이다. 고난은 우리의 진정성에 대한 하나의 시험이다. 복음 전도와 사회적 행동은 희생이 따르는 행위다. 그리스도의 복음과 그분의 도덕적 기준들은 인기가 없기 때문이다. 그것들은 우리의 이기심에 도전한다. 그러므로 하나님의 법과 하나님의 복음을 변호하는 사람들이라면 반대를 감수하지 않을 수 없다.

지금까지 우리 그리스도인의 병기고에 있는 여섯 가지 무기에 대해 숙고했다. 각각의 무기는 그 자체로도 강력하지만, 그것들이 연합하면 정말 가공할 만한 무기가 된다. 그것들은 교회가 사회에 강력한 영향을 미쳐야 한다는 사실을 시사한다. 버클리 캘리포니아 대학의 사회학 교수였던 로버트 벨라(Robert N. Bellah)는 다음과 같은 놀라운 진술을 했다.

> 나는 정의롭고 친절한 세계에 대한 새로운 비전을 품은 사람들로 이루어진 소집단의 중요성을 과소평가해서는 안 된다고 생각한다.… 한 문화의 질은 그 구성원의 2퍼센트가 새로운 비전을 가질 때 변화될 수 있다.[5]

기독교적 독특성

소금과 빛의 중요성으로 돌아가서, 넷째로 **그리스도인은 자신의 기독교적 독특성을 유지해야 한다**. 소금은 그 짠 맛을 유지해야 한다. 그렇지 않으면 쓸모가 없게 된다. 그런 소금은 심지어 퇴비 더미에도 던져 버릴 수 없기 때문이다. 마찬가지로, 빛은 그 밝음을 유지해야 한다. 그렇지 않으면 그것은 결코 어둠을 몰아낼 수 없다. 바로 이와 같이 우리가 사회에 영향을 미치려고 한다면, 사회 속으로 침투할 뿐 아니라 사회에 순응하기를 거부해야 한다. 우리의 기독교적 확신, 특별히 하나님 나라의 가치와 기준, 그리고 생활 방식을 유지해야 한다. 그렇지 않으면 우리는 아무런 영향력을 가질 수 없고 아무런 충격도 줄 수 없다.

> 그리스도는 우리를 더 큰 의로 부르신다.

그렇다면 우리의 기독교적 독특성은 무엇인가? 우리는 어떤 소금과 빛이 되도록 명령받았는가? 산상수훈의 나머지 부분에 이에 대한 답이 있다. 여기에서 예수님은 그 나라의 시민, 즉 그분의 새로운 공동체의 일원에 대해 설명하신다.

첫째, **그리스도는 우리를 더 큰 의로 부르신다**. "내가 너희에게 이르노니, 너희 의가 서기관과 바리새인보다 더 낫지 못하면 결단코 천국에 들어가지 못하리라"(마 5:20). 제자들은 이 말씀을 듣고 분명 말문이 막혀 버렸을 것이다. 서기관들과 바리새인들이야말로 그 땅에서 가장 의로운 사람들이었기 때문이다. 그들은 율법에는 248개의 명령과 365개의 금령을 포함하여 총 613개의 규정이 있다는 것을 계산했고, 제비 뽑기 방식을 유지해야 한다고 주장했을 정도였다! 이제 예수님은 제자들이 이 가장 의로운 사람들보다 더 의롭지 않으면, 결코 그 나라에 들어가지조차 못할 것이라고 말씀하신다! 주님이 이성을 잃으셨는가? 아니다. 그리스도인의 의가 바리새인의 의보다 더 큰 것은 그들의 의가 바리새인의 의보다 더 깊기 때문이다. 그것은 마음의 의다. 그러므로 그것은 새로운 탄생으로 말미암은 새로운 마음을 필요로 한다.

둘째, **그리스도는 우리를 더 넓은 사랑으로 부르신다**. 그분이 말씀하신 여섯 가지 대구 중 마지막은 이렇다. "또 '네 이웃을 사랑하고, 네 원수를 미워하라' 하였다는 것을 너희가 들었으나, 나는 너희에게 이르노니, '너희 원수를 사랑하며, 너희를 핍박하는 자를 위하여 기도하라'"(마 5:43-44). "네 이웃을 사랑하고, 네 원수를 미워하라"는 말은 구약 성경을 모욕적으로 잘못 인용한 것이다. 율법은 "네 이웃을 사랑하라"(레 19:18)고 말했다. 다음과 같이 말하면서 괘씸한 궤변에 빠졌던 것은 바리새인들이었다. "내 이웃은 내 동료 종교인이다. 그러므로 만일 내가 사랑해야 하는 것이 내 이웃뿐이라면, 율법 자체가 나에게 원수를 미워하도록 허락한 셈이다."

예수님은 우리의 이웃에는 우리의 원수가 포함된다고 역설하시면서 하나님의 언어로 대응하셨다. 그러므로 만일 우리가 우리의 원수를 사랑한다면, 우리는 하늘에 계신 아버지의 진정한 자녀가 될 것이다. 그분은 햇빛과 비를 모든 사람에게 차별 없이 주시기 때문이다. 그분의 사랑은 모두를 포용하므로, 우리 또한 그래야 한다.

셋째, 그리스도는 우리를 더 고상한 야망으로 부르신다. 모든 인간에게는 야망이 있다. 야망이란 성공하려는 열망이다. 예수님의 말씀으로 보면, 야망은 우리가 '구하는' 것으로, 우리의 삶을 바치는 지고선(至高善) 곧 거기에 우리의 마음을 두는 것이다. 예수님의 가르침에 의하면, 결국 오직 두 개의 선택이 있을 뿐이다. 우리 자신과 우리의 물질적 안락을 우선시하거나 먼저 하나님의 나라와 의를 구하거나 둘 중 하나다 (마 6:31-34). 우리 자신과 몸(먹고 마시고 입는 것)에 몰두하는 것은 하나님의 자녀들에게는 절망적으로 부적절하다. 주의 기도에서 예수님은 이미 우리의 우선순위가 무엇이어야 할지를 설정하셨는데, 이른바 하나님의 이름과 나라와 뜻이다.

> 그리스도는 우리를 더 고상한 야망으로 부르신다.

이제 우리에게는 그리스도의 부르심—더 큰 의(마음의 의), 더 넓은 사랑(원수 사랑), 더 고상한 야망(하나님의 통치와 하나님의 의)을 향한—이 있다. 오직 이러한 부르심이 있은 연후에야 비로소 우리의 소금은 그 짠 맛을 유지하고, 우리의 빛은 그 밝음을 유지함으로써, 우리는 세상의 소금과 빛이 될 것이다.

특별히 우리는 비관주의에 대해 회개할 필요가 있다. 그리스도인들은 비관주의자가 될 하등의 이유가 없다. 신앙과 비관주의는 양립할 수 없다. 분명히 우리는 몽상적인 이상주의자가 아니며, 실제적인 현실주의자다. 우리는 죄가 인간 본성과 인간 사회 속에 깊이 배어 있다는 것을 잘 알고 있다. 우리는 유토피아가 건설되리라고 기대하지 않는다. 그러나 우리는 또한 복음이 변화의 힘을 갖고 있으며, 그리스도가 우리에게 세상 속에서 효과적인 소금과 빛이 되라고 위임하셨다는 것을 알고 있다.

그러므로 우리 자신을 변화의 대행자로 하나님에게 드리자. 소수자 콤플렉스를 내세우며 자신을 변호하지 말자.

다음은 미국의 유니테리언 목사이자 작가인 에드워드 에버렛 헤일(Edward Everett Hale, 1822-1909)이 보여 준 낙관주의인데, 그는 매사추세츠의 보스턴에서 살았던 사람으로서, 자신의 이야기 「열 곱하기 하나는 열」(*Ten Times One is Ten*)을 통해 많은 사람에게 영감을 불어넣었다.[6]

나는 단지 한 사람이지만,
나는 사람이다.
나는 모든 것을 할 수는 없지만,
나는 무엇인가 할 수 있다.
내가 할 수 있는 것을,
나는 해야만 한다.
그리고 내가 해야만 하는 것을,

하나님의 은혜로

할 것이다.

만일 이것이 한 명의 그리스도인 개인에게 진실이라면, 교회가 미칠 수 있는 영향력은 얼마나 더 크겠는가!

결론 | 21세기의 디모데를 찾아서

나는 머리말에서 오늘날 많은 사람들이 교회의 '새로운 발상'을 찾고 있다는 사실을 인정하면서 본서를 시작했다. 나의 지속적인 관심은, 이러한 본격적인 탐구 과정 속에서 그들이 성경적이고 역사로 입증된 살아 있는 교회의 표지들을 포기하지 않을 것은 물론 그것들을 잊지 말아야 한다는 점이다. 나는 그 중 여덟 가지를 설명하고자 노력했다.

이제 본서의 주요부를 성직자건 평신도건 교회 지도자들에게 주는 개인적 호소로 맺고자 한다. 디모데처럼 당신도 복음을 지키고 하나님의 집에서 스스로 합당하게 행하라는 부름을 받았다. "이 집은 살아 계신 하나님의 교회요, 진리의 기둥과 터"다(딤전 3:15).

이제 90대에 이르러, 나는 종종 미래를 바라보면서 하나님이 새로운 세대의 디모데들을 일으켜 주실 것을 고대하게 된다. 이 결론을 통하여 나는 당신이 삶과 사역 속에서 하나님의 은혜를 알게 되기를 기도하면서, 당신을 향한 나의 호소를 과감하게 전하려고 한다.

나처럼 당신 역시 디모데라는 인물을 아주 마음에 들어 할 것이라고 생각한다. 내 마음속에는 디모데의 결점 하나가 아주 사랑스럽게 자리잡고 있다. 이는 모든 인간적인 약함이라는 면에서 디모데가 우리와 같은 한 사람으로 보였기 때문이다. 디모데는 스테인드글라스에 새겨진 전형적인 성인이 아니었다. 후광은 그의 머리에 편안하게 들어맞지 않을 것이다.

먼저, 바울이 그에게 첫 번째 편지를 썼을 때 그는 여전히 비교적 젊었다. 그는 당시에 30대였을 테지만, 무거운 책임들을 감당하기에는 여전히 경험이 부족했다. 두 번째로, 바울이 고린도인들에게 디모데가 방문하면 그를 편하게 대해 주라고 말할 필요가 있었던 것으로 보아, 그는 또한 기질적으로 수줍음이 많은 사람이었다(고전 16:10). 세 번째로, 그는 만성 위장 장애를 앓고 있었는데, 그 때문에 바울은 약간의 술 처방을 내렸다.

디모데는 젊고 수줍고 허약한 사람이었다. 이런 것들은 오늘날 그리스도인들에게서도 흔히 볼 수 있는 세 가지 장애다. 그러나 그것 때문에 우리는 그에게 애정을 느낀다. 그는 우리처럼 자신의 약함 속에서 그리스도의 능력을 필요로 했다. 첫 번째 편지 말미 부분에서 바울이 디모데에게 전한 도전에 유의해 보자.

오직 너 하나님의 사람아, 이것들을 피하고 의와 경건과 믿음과 사랑과 인내와 온유를 따르며, 믿음의 선한 싸움을 싸우라. 영생을 취하라. 이를 위하여 네가 부르심을 받았고, 많은 증인 앞에서 선한 증언을 하였도다(딤전 6:11-12).

바울의 훈계가 두 단어 "그러나 너는"(NIV는 'but you'로 시작한다—역주)으로 시작하는 것에 주목하라. 이는 바울이 디모데에게 보낸 편지들에서 여러 번 나타나는 표현으로, 디모데가 그 주변의 지배적인 문화로부터 구별되라고 부름받았다는 것을 가리킨다. 그는 조류에 따라 떠돌거나, 바람에 흔들리는 갈대처럼 여론의 압력에 굴복해서는 안 되었다. 그 대신 그는 산골짜기 개울 속의 바위처럼 (우리가 그래야 하는 것처럼) 굳게 서 있어야 했다.

> 디모데는 그 주변의 지배적인 문화로부터 구별되라고 부름받았다.

그 이유는 바로 그가 "하나님의 사람"이기 때문이다. 구약 성경에서 이러한 경칭은 모세, 다윗, 엘리야, 그리고 다른 예언자들과 같은 지도자들에게 사용되었다. 그러나 신약 성경에서 그것은 "모든 선한 일을 행할 능력을" 갖춘 모든 성숙한 그리스도인에게 적용되는 것으로 보인다(딤후 3:17). 거짓 교사들은 세상에 속한 사람들이지만, 하나님께 속한 사람들은 자신의 가치와 기준을 하나님 그분으로부터 끌어낸다.

삼중적인 호소

사도는 이제 디모데에게 주는 삼중적인 호소—윤리적, 교리적, 경험적—를 개진한다.

첫째, **윤리적 호소**가 나온다. 디모데는 문자 그대로 "이 [모든] 것들을" 피해야 하는데, 이는 문맥상 탐심 및 그와 연관된 모든 악을 가리킨다. 나중에 이르러서야 언급되긴 하지만, 여기에는 부도덕, 이기적인 야망, 무질서, 조급함과 같은 "청년의 정욕"이 포함되어 있다(딤후 2:22). 이런 것들 대신 디모데가 추구해야 할 아름다운 품성 여섯 가지, 즉 의와 경건, 믿음과 사랑, 인내와 온유가 주어진다. 더 단순하게 말한다면, 디모데는 악으로부터 달아나고, 선을 좇아 달려가야 한다.

> 우리는 악으로부터 벗어나야 한다.

우리 인간은 위대한 경주자들이다. 우리는 우리를 위협하는 위험으로부터 달아난다. 감히 대면하지 못하는 문제와 책임들로부터 달아나기도 한다. 바울은 그런 것들 대신 우리가 악으로부터 벗어나야 한다고 말하고 있는 것 같다.

적극적으로 표현하면, 우리는 무엇이든 우리가 끌리는 것을 좇아 달리는 경향이 있다. 우리는 쾌락, 성공, 명성, 부와 권력을 좇아 달린다. 그러나 바울은 그런 것들 대신 여러 모양의 선을 좇아 달리는 것이 어떻겠느냐고 말하고 있는 것 같다.

거룩에 이르는 과정에 수동성이란 없다. 우리는 그저 주저앉아 아무것도 하지 않고, 하나님이 모두 다 하시도록 하지는 않는다.

사도는 디모데에게 아무런 학습 비결도, 숙달 기법도, 암송 공식도 주지 않는다. 우리는 그저 악으로부터 벗어나서 의를 좇아 달리며, 생명을 위해 경주해야 한다. 사도는 훌륭한 경주자가 되라고 우리를 부른다.

둘째, **교리적 호소**가 있다. "믿음의 선한 싸움을 싸우라."(디모데와 디도에게 보낸) 세 권의 목회 서신 모두에서, 우리는 무엇인가 계시된 진리와 같은 것을 발견할 수 있다. 그것에는 믿음, 가르침, 전통, 진리, 맡은 것 등 여러 명칭으로 주어져 있다. 이것은 물론 사도 바울과 동료 사도들의 가르침이다. 이것은 참된 사도적 계승으로서, 사도들로부터 물려받아 우리에게 전해지고, 모든 세대에 걸쳐 교회가 지켜 낸 교리의 연속을 말한다. 우리는 전심을 다해 그것을 지키고, 선포하고, 가르쳐야 한다.

> 그것이 바로 우리가 부름받은 싸움이다.

디모데전서 6:11에서 선과 악이 서로 대조되는 것처럼, 20절에서는 진리와 거짓이 서로 대조된다. 다른 말로 하면, 바울이 디모데에게—우리에게도—전하는 윤리적 호소와 교리적 호소에는 서로 보완적인 책임이 있다. 윤리적으로 우리는 악에서 벗어나 선을 좇아 달려야 한다. 교리적으로 우리는 거짓에서 벗어나 진리를 위해 싸워야 한다.

그리고 그것이 바로 우리가 부름받은 싸움이다. 기질적으로 호전적인 사람이 아니라면, 아무도 싸움을 즐기지는 않는다. 감수성이 풍부한 영혼이라면 모두 싸움을 불쾌하게 여긴다. 다툼을 좋아하는 데는 병적인 무엇인가가 있다. 그럼에도 불구하고, 사도는 그것을 "**선한 싸움**"(12절)이라고 부르는데, 그 싸움에 하나님의 영광과 교회의 복이 연관되어 있기 때문이다. 앞 절에서 우리가 추구해야 할 온유마저도 우리가 진리를 위해 싸우는 것을 멈추게 해서는 안 된다. 우리는 이 유쾌하지 않은 의무를 축소해서는 안 된다.

셋째, **경험적 호소**가 있다. "영생을 취하라. 이를 위하여 네가 부르심을 받았고." 영생에서 중요한 것은 그 지속성이 아니라 그 질이다. 영생은 새 시대의 삶이다. 예수님 자신도 영생에 대해 정의하셨다. 자신의 아버지에게 예수님은 말씀하셨다. "영생은 곧 유일하신 참 하나님과 그가 보내신 자 예수 그리스도를 아는 것이니이다"(요 17:3). 영생은 바로 하나님과의 이러한 인격적인 관계 속에 있다.

디모데는 이 영생으로 부름을 받았다. 아마도 개인적인 부름이 있었겠지만, 세례를 받으면서 그가 "많은 증인 앞에서 선한 증언"을 했을 때 공적인 부름 또한 있었다. 그러므로 바울이 그에게 한 말의 실제적인 의미는, 그가 믿고 세례를 받았을 때 이미 영생이 주어졌으므로, 그는 영생을 소유했다는 것이다. 그러므로 이제 그는 영생을 취해야 한다.

디모데들은 어디에 있는가?

그러나 디모데처럼 성숙한 그리스도인 지도자가, 이미 소유한 것을 취하라는 훈계를 받아야 한다는 것은 분명 이상하다. 그는 이미 여러 해 동안 그리스도인이 아니었던가? 물론이다. 그는 여러

해 전에 이미 영생을 거저 주시는 은사로 받지 않았던가? 물론이다. 그렇다면, 바울은 왜 그에게 그가 이미 소유한 것을 취하라고 명하는가?

이러한 질문들에 대한 대답은 무언가를 소유하되 그것을 충분히 받아들이거나 향유하지 않는 일이 가능하다는 것이다. 헬라어 동사 '에필람바노'(epilambano)에는 폭력에 대한 암시가 담겨 있다. 예컨대, 이 단어는 군인들이 구레네의 시몬을 붙들어 그로 하여금 예수님 대신 강제로 십자가를 지게 했을 때, 그 군인들에 대하여 사용되었다. 또한 예루살렘에서 폭도가 바울을 성전 구역 밖으로 끌고 나왔을 때, 그 폭도에 대해서도 사용되었다. 그러므로 디모데에 대한 바울의 호소는 이미 디모데 자신의

> 무언가를 소유하되 그것을 충분히 받아들이거나 향유하지 않는 일이 가능하다.

것이었던 영생을 부여잡으라는 것이었다. 그는 그것을 점점 더 자신의 것으로 만들어야 했다. 그는 그것을 향유해야 하고, 그것을 완전하게 경험해야 했다.

소유와 향유 사이의 이러한 차이는 루이 델쿠르(Louis Delcourt)의 이야기에 잘 예시되어 있다. 그는 제1차 세계대전 당시 프랑스의 젊은 군인이었다. 그는 휴가 후 귀대 시간을 넘기게 되자, 불명예를 당하는 것이 두려워 탈영하기로 결심했다. 그는 어머니를 설득하여 자신을 다락방에 가두고 문을 걸라고 했다. 그녀는 거기에 아들을 21년이나 숨겼다. 그러다 1937년 8월 그의 어머니

가 죽었다. 이제 그는 더 이상 숨어 있을 수가 없게 되었다. 그래서 그는 창백하고 초췌한 몰골로 비틀거리며 가장 가까운 헌병대로 가서 자수했다. 헌병은 도저히 믿기지 않는다는 투로 그를 자세히 보면서 물었다. "도대체 어디에 있었길래 듣지 못했나?" 루이는 "듣지 못했다니, 뭘 말씀이죠?"라고 되물었다. "여러 해 전에 탈영병을 위한 사면법이 통과되었다네."

루이 델쿠르에게는 자유가 있었지만, 그것을 향유하지는 못했다. 자신에게 자유가 있다는 사실을 몰랐기 때문이다. 오늘날 많은 그리스도인들도 마찬가지다. 그들은 예수 그리스도로 말미암아 해방되었다. 그러나 그들은 자유를 향유하고 있지는 않다. 자신에게 자유가 있다는 사실을 모르기 때문이다.

우리는 디모데를 향한 바울의 삼중적인 호소로부터 두 가지 가치 있는 교훈을 배울 수 있다.

첫째, 이 삼중적인 호소가 우리 시대에 대해 지니는 극도의 **적실성**을 숙고해 보라. 여기에서 사도는 우리 앞에 절대적인 목표 세 가지를 제시하는 것 같다. 선이라는 것이 있으므로 그것을 추구하라. 포스트모던의 분위기는 모든 보편적인 절대성에 대해 비우호적이다. 그러나 사도는 진리라는 것이 있으므로 그것을 위해 싸우라고 말한다. 그리고 생명이라는 것이 있으므로 그것을 취하라고 말한다. 하나님이 우리로 하여금 그러한 세 가지 절대적인 것—진리인 것, 선한 것, 실재하는 것—에 대해 당당하게 헌신할 수 있게 해주시기를 기원한다.

둘째, 바울의 삼중적 호소의 **균형**을 숙고해 보라. 즉, 이 호소에는 교리와 윤리와 경험이 통합되어 있다.

믿음의 선한 싸움을 싸우는 그리스도인들이 있다. 그들은 진리를 위한 위대한 전사들이다. 그런데 그들은 온유는 고사하고 선조차 추구하지 않는다.

선하고 온유하지만 진리를 위한 선한 싸움에 대해서는 그만큼 관심이 없는 그리스도인들도 있다.

그런가 하면, 교리와 윤리는 무시한 채 종교적인 경험 추구에만 집중하는 그리스도인들도 있다.

우리는 왜 언제나 극단으로 치닫는가? 이들 세 가지는 모두 우리를 향한 하나님의 목적이다. 그리스도인들이여, 균형을 잡자!

그렇다면 21세기의 디모데들은 어디에 있는가? 그들은 이 셋 중에 어느 하나에만 충성하지 않고, 마음에 드는 것을 골라잡거나 선택하지 않고, 모든 성경적 계시에 충성하려고 노력한다. 그들은 의를 추구하고, 믿음의 선한 싸움을 싸우고, 영생을 취하는 일을 동시에 한다.

부록 '살아 있는 교회'와 존 스토트의 삶

나에게 이 짤막한 자전적 스케치가 필요하리란 생각이 들었다. 이 글에서는 내가 어떻게 올 소울즈 교회(All Souls Church)에 그토록 밀접하게 속하게 되었는지 설명한다. 또한 뒤에 나올 자전적 부록 셋을 간략하게 소개한다. 이 부록들은 나의 성장사를 장식한 의미심장한 세 시절에 대한 기록이다.

I. 나는 왜 여전히 영국 성공회 교인인가?

II. 나에게는 살아 있는 교회에 대한 꿈이 있습니다

III. 어느 여든 살 노인의 묵상

지금까지 나는 거의 전 생애에 걸쳐 한 교회의 교인—어린아이로서, 학생으로서, 새로 안수받은 부목사로서, 교구목사로서, 그리고 명예 교구목사로서—이었다는 아주 드문 경험을 갖고 있다.

부모님과 누이들과 내가 켄싱턴으로부터 '의사 거리'로 불리는 할리 가로 이주했을 때, 나는 태어난 지 겨우 몇 달밖에 안 된 아기였다. 우리는 거기에 집을 지었고, 내과 의사인 아버지는 개인 환자들을 위한 진료실을 여셨다.

어머니는 우리를 데리고 일요일 아침 예배를 드리러 올 소울즈 교회로 가셨는데, 이 교회는 우리 집에서 200미터 조금 못 미친 곳에 있었다. 첫 번째 교구목사는 아더 벅스톤(Arthur Buxton, 1920-1936)이었고, 다음은 해럴드 언쇼우 스미스(Harold Earnshow Smith, 1936-1950)였다. 일요일 예배에 대한 가장 생생한 기억은, 이층 계랑에 앉아 버스 승차권으로 종이 총알들을 만들어서 아래층에 있는 숙녀들의 최신식 모자에 떨어뜨린 것이다. 25년 후에 내가 교구목사로서 설교단을 차지하게 될 줄은 상상도 못했다! 복음의 구속적이고 변혁적인 능력이란 바로 그런 것이다. 어린 시절의 또 다른 기억은, 누이 조이와 내가 일요일 오후마다 의사 자녀들을 위한 주일학교에 참석했던 일인데, 교구목사의 부인인 이스메 벅스톤(Esmé Buxton)이 목사관에서 인도하셨다.

내가 처음으로 의식적으로 복음을 듣고 반응한 것은 럭비 스쿨(Rugby School)에 다닐 때였다. 그 후 몇 개월 동안 나는 내가 이전에는 복음을 전혀 듣지 못했다는 사실이 놀라워, 그 전까지는 아무도 나와 함께 나누지 않았던 것을 다른 사람들과 나누고자 하는 소명 의식을 점점 더 갖게 되었다. 그리고 이것을 교장선생님께 말씀드리고, 이후에 나는 안수받은 사람으로 군복무를 면제받았다.

그래서 나는 전쟁 기간을 케임브리지의 트리니티 칼리지(Trinity College)에서 보내며, 처음에는 프랑스어와 독일어를, 다음에는 신학을 배웠다. 내가 학교를 졸업하자마자, 케임브리지를 자주 방문하던 헤럴드 언쇼우 스미스 목사님이 한번은 안수를 받으면 올 소울즈에서 자기 아래서 부목사로 봉직해 달라고 나를 초청했다. 내가 자라났던 교구에서 수임받은 사역을 시작하는 것이야말로 세상에서 가장 자연스러운 일처럼 보였다. 비록 버스 승차권 총알이 아닌 다른 무기를 사용하겠지만 말이다.

나는 1945년 12월 21일 세인트 폴 대성당에서 런던의 주교에게서 안수를 받았다. 언쇼우 스미스 목사님 가족은 나에게 우호적이었고, 그분을 멘토로 삼은 것은 내게 아주 큰 행운이었다. 그분은 나에게 목양 사역의 기초를 전수해 주셨다. 암초가 하나 있었는데, 그분의 건강 문제였다. 내가 그 교구에서 첫 해를 반쯤이나 마쳤을까, 그분은 첫 번째 심장 발작을 일으켰다. 그분은 여러 주 동안 교회를 떠나 있게 되었고, 돌아와서도 차도가 있긴 했지만 조금밖에 일할 수 없었다. 결국 최소한 당분간이나마 교구의 책임은 동료 부목사인 고든 마요(Gordon Mayo)와 나에게 지워졌다. 1947년 헤럴드 언쇼우 스미스 목사님의 병세가 다시 악화되었고, 이후 2-3년 간 교구와 요양지를 오가게 되었다. 1950년 3월 초 그분은 다시 런던을 떠나 남부 연안으로 요양을 떠났는데, 일주일 후 잠든 사이에 돌아가셨다. 나는 교구를 책임지게 되었고, 넉 달 뒤 모든 사람의(특히 나 자신의) 놀라움 속에서 그분을 이어 교구목사로 임명받았다.

부록 I 나는 왜 여전히 영국 성공회 교인인가?

1966년 10월 18일 제2회 전국복음주의총회가 웨스트민스터의 감리교 중앙회관에서 마틴 로이드 존스 박사를 주강사로 그리고 나를 의장으로 하여 개최되었다. 그 모임은 우리 두 사람의 역사적인 대결로 이어졌으며, 그 일로 40년 동안이나 삐걱거리고 있다. 로이드 존스 박사가 여러 혼합된 교파들에 속한 복음주의자들에게 그 교파들을 떠나라고 호소한 반면에, 나는 성급한 행동을 취하지 말도록 촉구하는 것이 옳다고 느꼈는데, 이는 그 문제에 대해서는 다음날 토론하기로 되어 있었기 때문이다. 그 사건은 여러 역사와 전기 속에 기록되어 있다.[1]

오래 전에 있었던 이러한 불화를 언급하는 것은 토론을 새삼 재개한다기보다는 아직도 나에게 입장이 바뀌었는지, 바뀌었다면 어떻게 바뀌었는지를 묻는 사람에게 대답할 기회를 만들고자 함이다.

이 글은 개빈 라이드(Gavin Reid)의 논총 「영국 성공회를 위한 희망」(*Hope for the Church of England*, Kingsway, 1986)에 실은 "나는 영국 성공회를 믿는다"라는 기고문에서 비롯되었다. 20년 후 캐롤라인 차터스(Caroline Chartres)는 이것을 채택하여, 자신의 논총 「내가 여전히 성공회 교인인 이유」(*Why I Am Still an Anglican*, Continuum, 2006)에 약간의 개정을 거쳐 축소하여 실었다.

그렇다면 나는 영국 성공회를 믿는가? 그렇다. 나는 영국 성공회를 믿는다. 최소한, 나는 믿기도 하고 믿지 않기도 한다. 물론 하나님—성부, 성자, 성령—을 내 확신과 예배의 대상으로 믿는다는 것과 같은 의미로 영국 성공회를 믿지는 않는다. 그러나 나는 영국 성공회의 교인이자 목사가 된 것에 대해, 그리고 선한 양심으로 그런 신분을 유지할 수 있다는 것에 대해 깊이 감사한다는 의미에서 영국 성공회를 믿는다. 나는 영국 성공회의 뚜렷한 네 가지 특성을 개략함으로써 시작할 터인데, 이 넷은 내가 성공회에 속한 네 가지 이유를 구성하기도 한다. 그것들은 모든 성공회에 어느 정도 적용되지만, 특별히 영국 성공회와 관련이 있다.

첫째, 영국 성공회는 **역사적인 교회**다. 실제로 영국 성공회는 영국 사람들의 교회다. 영국 성공회의 기원은 헨리 8세와 그의 결혼 문제(악명 높은 '왕의 문제')가 아니라, 로마 군단이 제국을 식민지화하고 있었던 주후 1세기로 거슬러 올라간다. 무역상들이 그들을 뒤따랐고, 이러한 군인과 상인들 가운데는 분명 예수 그리스도를 따르는 사람들도 있었음에 틀림없다. 주후 200년경 테르툴리아

누스와 오리게네스는 영국에 있는 한 교회에 대해 말했다. 성 알바니우스는 그리스도를 위한 순교자로 죽었는데, 필경 주후 250년에 있었던 데시안의 박해 기간 중일 것이다. 주후 314년 아를르 공의회에는 영국의 주교 셋이 참석했다. 그러므로 영국 성공회는 이 나라의 역사적인 교회다.

이러한 역사적 차원은 오늘날 역사적 뿌리로부터 단절되어 분주히 표류하는 세상에서 중요하다. 성경의 살아 계신 하나님은 역사의 하나님으로서, 아브라함과 이삭과 야곱의 하나님이시고, 모세와 예언자들의 하나님이시고, 우리 주 예수 그리스도와 그분의 사도들의 하나님이시고, 속사도 교회의 하나님이시기 때문이다. 가정 교회 운동의 약점 중 하나는 역사 의식과 과거와의 연속성에 대한 의식이 별로 없다는 것이다.

둘째, 영국 성공회는 **고백적인 교회**다. 우리는 이제 역사로부터 신학으로 이동한다. 디모데전서 3:15에 따르면, 교회는 "진리의 기둥(*stulos*)과 터(*hedraioma*)"다. '헤드라이오마'는 '보루'나 '기초'를 의미한다고 볼 수 있다. 어떤 경우든 그것은 건물을 견고하게 지탱한다. 이에 비해 기둥은 건물을 높이 들어올린다. 이처럼 교회는 진리를 견고하게 지탱하고 사람들이 볼 수 있도록 진리를 높이 들면서 진리에 봉사하도록 부름받는다. 그러므로 영국 성공회는 교리 규범과 신앙 고백을 갖고 있다. "공동 기도서"와 "39개조 신조"는, 신조에 동의하는 수준이 약해지고 더 최신의 예배서들이 나오고 있음에도 불구하고 여전히 영국 성공회의 교리 기초로 남아 있다. 더욱이, 이러한 규범들은 전통에 대한 성경의 우월성과 구원을 위한 성경의 충분성, 그리고 오직 은혜로 말미암아 오직 그리스도 안에서 오직 믿음을 통한 죄인의 칭의를 확고히 한다. 이 세 가지 교리는 복음주의 신자들에게 특별히 소중한 것이며, 우리 "성공회 신조"에 분명하게 명시되어 있다.

신앙의 일부 근본 원리들을 부인하는 교회 지도자들이 몇몇 있는데, 이것은 비극이자 스캔들이다. 그러나 영국 성공회는 지금까지 신앙 고백을 저버린 적이 결코 없다. 영국 성공회는 고백적인 교회다.

셋째, 영국 성공회는 **국가적인 교회**다. 이것은 대륙의 루터 교회들처럼 '정부'의 교회가 아니라, '국교화된' 교회(법으로 공인되고, 어떤 특권을 부여받은)라는 말이다. 그리고 더 중요한 것은, 영국 성공회는 국가적 사명을 갖고 있기 때문에 '국가적' 교회라는 사실이다. 그렇다면, 영국 성공회는 그 이상과 목적에서 하나의 분파도 하나의 교파도 아니고, 국가의 양심이 되고 국가를 섬길 책임을 지고 있는 국가의 교회다.

이러한 이상이 종종 무너지는 것은 분명한 사실이다. 그럼에도 불구하고, 비록 적절한 변화가 필요할 수도 있지만, 영국 성공회는 여전히 국가적 교회다.

넷째, 영국 성공회는 **예전적인 교회**다. 영국 성공회에는 "공동 기도서"와 공예배를 위한 예배 의식을 담고 있는 "공동 예식서"가 있다. 어떤 이들은 정해진 예배 의식이 자발성과 성령의 자유를 방해한다고 말한다. 그러나 반드시 그렇지는 않다. 형식과 자유는 절대 양립할 수 없는 것이 아니다. 우리는 분명 새로운 예배 의식서들이 주는 더 큰 융통성을 환영한다. 그러나 그것들이 예전적인 틀과 형식을 저버리지 않은 것은 옳았다.

왜 예전에 가치를 부여해야 하는가? 첫째, 예전 형식에 대한 성경적 근거가 많이 있다. 신약 성경에는 고대의 찬송가와 신조에서 따온 것들이 많이 포함되어 있는데, 이는 그리스도인들이 구약 성경으로부터 가져온 것이다. 둘째, 예전은 진리를 간직하고 교리의 통일성을 보호한다. 셋째, 예전은 과거는 물론 현존하는 다른 교회들과의 연대 의식을 심어 준다. 넷째, 예전은 성직자 개인이 지닌 최악의 특징들로부터 회중을 보호한다. 마지막으로, 예전은 집중과 회중의 참여에 일조한다. 이상은 대단한 유익들이다. 그래서 나는 영국 성공회가 예전적 교회라는 데 대해 감사한다.

내가 왜 영국 성공회를 믿는지에 대한 네 가지 이유는 이러하다. 영국 성공회는 영국의 역사적 교회다. 건전한 성경적, 신학적 기초가 있다. 또 국가적 사명이 맡겨져 있다. 그리고 그 예전 속에는 성령의 능력 안에서 예수 그리스도를 통하여 전능하신 하나님을 찬양하는 값진 수단이 있다.

이렇게 긍정적으로 진술해 보았지만, 오늘날 많은 복음주의자들이 영국 성공회 안에서 불편함을 느낀다. 지금까지 내가 묘사한 영국 성공회는 현실이라기보다는 이상에 가깝다. 어떤 이들은 그것이 '이론상의' 교회지 혈과 육, 뼈와 힘줄로 이루어진 교회가 아니라며 무시하려 들 것이다. 동시에, 20세기 후반부터 복음주의 운동은 규모, 역량, 성숙도, 학문성, 응집력에서 성장해 오고 있다. 거기에는 다른 요소들(예컨대, 개혁주의와 은사주의)이 포함되어 있고, 정당처럼 여러 분파들이 연합되어 있다. 동시에, 전통적인 기독교 교리와 도덕은 계속 공격을 받고 있다. 결과적으로, 일반적인 교인들의 충성이 심하게 곡해를 받아 왔다. 그렇다면 우리는 무엇을 해야 하는가?

세 가지 선택

첫 번째 선택은 교회로부터의 **분리** 혹은 **탈퇴**다. 일부는 이렇게 말한다. "교리적으로 혼합된 교회에 머무는 것은 참을 수 없는 타협이다. 그것은 이단을 용인한다는 뜻이 된다. 그러므로 타협하지 않고 복음주의적 증거를 지키기 위해서는 우리가 떠나야 한다."

이것은 독립 복음주의자들의 입장이다. 그들의 최우선 관심은 교회의 교리적 순수성을 보존하는 것인데, 이는 실로 올바르고 타당한 관심이다. 우리는 진리를 위한 그들의 열심과 용기를 배워야 한다. 그러나 그들은 교회의 순수성을 추구하느라 교회의 하나됨을 희생시키는 경향이 있다. 그들은 교회의 하나됨에 대해서는 동등한 관심을 기울이지 않는 것 같다. 물론 극단적인 상황(예컨대, 만일 교회가 공식적으로 성육신을 부인한다면)이 있을 수 있고, 그때라면 유일한 길은 탈퇴하는 것뿐이리라. 그런 경우라면 그 교회는 이미 교회이기를 포기한 것으로 볼 수 있기 때문이다. 그러나 우리는 16세기 종교개혁가들이 분리론에 대해 매우 주저했었다는 점을 기억할 필요가 있다. 그들은 가톨릭 교회를 떠나는 것을 원치 않았다. 반대로 그들은 개혁주의 가톨릭 곧 성서에 따라 개혁된 가톨릭 교회를 꿈꾸었고, 가톨릭의 순수성과 연합에 관심이 있었다.

예컨대, 1552년에 칼뱅은 크랜머에게 교회의 분열이야말로 "우리 세기의 가장 큰 불행"이라고 썼다. 그리스도의 몸이 "피흘리는" 지경에 이르자 그는 깊은 충격을 받았고, 그것을 막을 수만 있다면 그는 "열 바다라도 건너기를 주저하지 않겠다"고 덧붙였다. "정말이지, 만일 학자들이 성경의 규칙에 따라 견고하고 주의 깊게 고안된 합일점을 찾기만 한다면⋯ 나로서는 어떤 수고나 위험도 마다할 필요가 없으리라고 생각한다." 정확히 이것이 바로 오늘날 성공회 복음주의자들의 입장이다(혹은 입장이어야 한다).

우리 앞에 있는 두 번째 선택은 정반대 극단이다. 그것은 **타협** 그리고 심지어는 **순응**이다. 이것은 모든 희생을 치르더라도 영국 성공회 안에 머물 작정으로, 자신들의 분명한 복음주의적 증거를 기꺼이 저버리겠다고 말하는 일부 사람들의 결정이다.

나는 영국 성공회의 책임 있는 구성원이 되고, (그것이 성실히 이루어질 수 있을 때) 영국 성공회 안에 있는 전통들 간의 차이점을 최소화하려는 그들의 열망을 존중한다. 그러나 나는 그들의 입장이 근시안적이라고 생각한다. 우리가 복음주의 진리를 이해할 수 있도록 받았듯 그것을 겸손하게 증거할 용기를 가져야 하기 때문이다. 우리는 무류성을 주장하지 않는다. 어떤 점에서는 우리가 잘못일지도 모른다. 우리는 생각을 바꾸는 것에 대해 열려 있다. 성경이 그것을 요구한다는 것을 볼 수만 있다면 말이다. 그러나 우리의 확신을 숨기거나 덮어둘 수 없다. 복음주의자로서 우리의 관심은 분명 '당'에 대한 충성이 아니어야 한다. '당'이란 정치적인 개념이다. 당이라고 하면 당규에 대한 복종과 등원 명령서에 대한 복종, 당의 기율을 수용하는 것을 연상하게 된다. 그러나 복음주의적 충성은 당이 아니라 계시된 진리, 그리고 특별히 예수 그리스도의 충족성과 비길 데 없는 영광을 향한 것이다.

복음주의 신앙의 정수는 육신으로 오시고, 십자가에 달리시고, 다시 살아나시고, 높이 올리우신 예수 그리스도 안에서 하나님이 세상의 구원을 위하여 결정적이고 최종적으로 말씀하시고 행동하셨다는 것이다. 결과적으로 예수 그리스도는 세상에 대한 하나님의 마지막 말씀이다. 따라서 하나님이 자신의 아들 안에서 주셨던 것보다 더 높은 어떤 계시가 있다고는 상상할 수 없다. 예수 그리스도는 또한 세상을 위한 하나님의 마지막 행위다. 따라서 거기에 무엇인가 덧붙일 필요가 있다고는 상상할 수 없다. 하나님이 그리스도 안에서 말씀하신 것이나 하나님이 그리스도 안에서 하신 일에 아무것도 덧붙여질 수는 없다. 둘 다 '하팍스'(hapax) 곧 '영단번'이다. 그리스도 안에서 하나님의 계시와 구속은 완료되고 완성되었다.

이것이 바로 복음주의의 특징이 '오직 성서'(sola scriptura)와 '오직 은혜'(sola gratia)에 대한 강조인 이유다. 그것은 '오직 그리스도'(solus Christus), 즉 '계시와 구속은 오직 그리스도로만'에서 비롯된다. 그렇다면 분명한 정체성을 지키는 일에서 우리의 관심이 까칠하거나 비협조적이거나 고집스럽거나 파당적이어서는 안 된다. 우리의 관심은 우리 주 예수 그리스도의 인격과 사역의 비길 데 없는 영광에 충성하는 것이다. 우리가 독특한 복음주의적 증거를 견지해야 하는 것은 교회의 유익과 그리스도 안에 계신 하나님의 영광을 위해서라고 믿는다.

세 번째 선택은 **타협하지 않는 포괄성**으로서, 함몰되지 않고 머무는 것이다. 정직하게 말한다면 이것은 세 가지 선택 중 가장 고통스러운 것이다. 다른 두 선택은 비상 수단으로 난제를 해결하는 방식이기 때문에 더 쉽다. 첫 번째는 당신이 동의하지 않는 모든 사람과 갈라서고, 같은 생각을 가진 그리스도인들하고만 교제를 즐기는 것이다. 두 번째는 독특한 증거를 견지하는 것을 거부함으로써 모든 관점이 동등하게 타당하다고 여기는 것이다. 이 둘은 정반대의 선택(분리와 타협)이다. 그런데 양자는 긴장을 누그러뜨리고 갈등을 회피한다는 점에서 공통점이 있다. 떠나거나 굴복하거나 둘 중 하나다. 더 어려운 방법은 머무는 동시에 굴복을 거부하는 것인데, 이는 팽팽한 줄을 타는 것처럼 매우 위태롭다. 이것은 타협이나 탈퇴를 거부하고 영속적인 긴장 상태에서 사는 것을 의미한다.

요약해 보자. 분리는 하나됨을 희생하여 진리를 추구하는 것이다. 타협은 진리를 희생하여 하나됨을 추구하는 것이다. 포괄은 진리와 하나됨을 동시에 추구하는 것으로서, 그리스도와 그분의 사도들이 권유하신 연합 즉 진리 안에서 하나됨(unity in truth)을 추구하는 것이다. 그래서 예수님은 요한복음 17장에서 진리, 거룩, 선교, 교회의 하나됨을 위해 기도하셨고, 바울은 에베소서 4장에서 "주도 한 분이시요, 믿음도 하나이요, 세례도 하나이요"라고 단언했다. 신약 성경에서 하나됨과 진리는 언제나 동행한다.

두 가지 종류의 포괄성

나는 세 번째 선택을 '포괄성'으로 칭한 바 있다. 이제 그 의미를 분명히 정하지 않을 수 없다. 흔히 말하는 영국 성공회의 '포괄성'에는 두 가지 방식이 있기 때문이다. 한편으로는 무제한적이고 무원칙적인 종류의 포괄성이 있는데, 여기에서는 아무도 배제되지 않는다. 다른 한편으로는 제한적이고 원칙적인 종류의 포괄성이 있는데, 이는 경계선을 분명히 정한다.

무제한적이고 무원칙적인 포괄성은 누구나 참여할 수 있는 교리의 난투장으로서, 이단 정죄는 말할 것도 없고 어떤 교리도 금하지 않는다. 결과적으로 포푸리(pot-pourri)처럼, 모든 관점은 전체에 기여하는 것으로, 심지어는 그 재료로 환영받는다. 이것은 바로 라일 주교가 "일종의 노아의 방주"라 불렀던 것으로서, 정결한 것과 부정한 것 모두를 받아들일 수 있을 만큼 공간이 넓다.

이 견해에 대한 가장 좋은 풍자는, 로널드 녹스(Ronald Knox)가 "모든 이들과의 융화"(Reunion all Round)란 제목으로 자신의 책 『풍자 수필』(*Essays in Satire*)에 포함시킨 놀라운 글에 개진되어 있다.[2] 이 책은 "영국 성공회 안에 모든 마호메트교도, 유대교도, 불교도, 브라흐마나, 교황 절대주의자, 무신론자를 포용하자는 탄원"이란 부제를 달고 있다. 그가 새롭게 떠오른다고 본 새로운 보편 교회는 "아무도 모든 신조를 암송할 것을 기대하지 않고, 그 중에 구미에 당기는 구절만 암송하면 된다. 따라서 운만 좋으면 전체 회중은 보통 이런 식으로 모든 신조를 그럭저럭 암송해 나갈 것으로 예상할 수 있다."

그리스도인들 사이의 차이점과 유신론자들 사이의 차이점을 다룬 후에, 그는 마침내 "무신론자들과의 융화 문제"에 이르렀다. 이 경우, "수습해야 할 다툼은 단 하나뿐인데, 즉 신의 존재 여부에 대한 것이다." 그래서 그는 신학자들에게, 우리는 하나님이 내재적이면서도 초월적이라고 믿으므로, "하나님이 존재자인 동시에 비존재자시라는 마지막 최종적인 이율배반"을 감수하자고 제안한다. 그는 다음과 같이 끝맺는다. "하나님 감사합니다. 계몽주의와 국교회의 시대에, 모든 사람은 자신의 고유한 의견에 대한 권리를 갖고 있습니다. 그리고 그 의견 중에서도, 아무도 다른 사람의 의견에 대한 권리를 주장할 수 없다는 바로 그 의견에 대한 권리를 갖고 있습니다."

이것은 진정한 세계교회주의(ecumenism)가 아니라 혼합주의(syncretism)다. 우리 주 예수님과 그분의 사도들은 교회에게 거짓 교사들에 대해 경고했다. 내가 기쁘게 생각하는 것은, 하나됨은 진리 안에서 이루어져야 하고 포괄성에는 원칙이 있어야 한다는 점을 영국 성공회가 언제나 공식적으로 인정했다는 사실이다. 이것이 바로 진정으로 성공회다운 포괄성의 모든 의미에 대한 역사적 이해이기 때문이다. 16세기 엘리자베스 시대 종교 타협책의 목적은 성서의 우위성과 가톨릭 신조에 헌신하는 국가 교회 안에서 국가를 연합하는 것이었다. 알렉 비들러 박사는 다음과 같이 썼다.

…성공회의 포괄성이라는 개념이 뜻한 바는, 서로 다르다는 데 기꺼이 동의하는 여러 다양한 기독교 신앙과 실천들을 병렬하여 함께

붙듦으로써, 교회를 일종의 종교 연맹으로 여길 수 있게 한 것은 영국 성공회의 영광이라는 사실이다.…포괄성의 원리란 교회는 신앙의 근본 원리들을 유지하는 동시에 부차적인 문제에서 의견과 해석의 차이, 특히 예법과 의식의 차이를 받아들여야 한다는 것이다.[3]

이것은 바로 사도 바울의 주장으로 돌아가서 찾아볼 수 있는 특징으로서, 그는 부차적인 문제들에 대해서는 양심의 자유에 맡긴 채, 사도적 신앙에 충성하라고 주장한 바 있다.

결론적으로, 정통 신자들이 절대적으로 떠나야 할 것이라고 느낄 수밖에 없는 상황을 상상할 수 있을까? 그러한 극단적인 상황은 다음과 같을 것이다.

- 가령 '적그리스도'(요일 2:22)라는 정죄나 저주(갈 1:8-9)를 받을 만한 일급 문제로 위기에 처할 때.
- 불법의 문제가 특이한 소수 개인들만의 것이 아니라, 다수의 공식적인 입장이 되었을 때.
- 다수가 충성스런 남은 자의 입을 막고, 그들이 더 이상 증거하거나 항거하지 못하도록 금할 때.
- 양심적으로 모든 가능한 대안들을 검토해 보았을 때.
- 고통스러운 기도와 토론의 기간을 가진 후에도 우리의 양심이 더 이상 그 무게를 감당할 수 없을 때.

그날이 오기까지, 나 개인적으로는 머물러서 싸움을 계속할 작정이다.

    그래서 나는 영국 성공회를 믿고, 영국 성공회에 속하여 영국 성공회 안에서 그리고 영국 성공회를 향하여 성실하게 복음주의적 증거를 하는 것이 옳다고 믿는다. 이는 내가 하나님의 말씀의 능력과 교회를 개혁하시고 쇄신하시는 성령을 믿기 때문이다. 나는 또한 하나님의 오래 참으심을 믿는다. 맥스 워렌(Max Warren)은 이렇게 썼다. "교회의 역사는 하나님의 오래 참으심의 이야기다."[4]

(1966년 10월 18일)

부록 II 나에게는 살아 있는 교회에 대한 꿈이 있습니다

로마 가톨릭 교회력에서 위령의 날(All Souls Day, 11월 2일)은 연옥에 있는 것으로 여겨지는 충성스러운 고인들의 영혼을 기리는 날이다. 이런 사실 때문에, 올 소울즈 교회에 있는 우리는 왜 우리처럼 헌신된 복음주의 교회가 그런 이름이냐는 질문을 종종 받는다. 그 대답은 멀지 않은 곳에 있다. 우리는 교회의 설립자들이 교구의 모든 영혼을 앉힐 수 있는 큰 교회를 세우고자 했다고 이해한다. 그러므로 그들의 결정은 모든 죽은 영혼들을 추념하는 것이 아니라, 살아 있는 모든 영혼을 수용하는 것이었다.

올 소울즈 교회는 1824년 11월 25일에 헌당되어 세상을 향해 문을 열었다. 그러므로 1974년이 시작되자, 우리는 교회 헌당 150주년을 기념하기를 열망했다. 나는 첫 번째 일요일에 미래를 내다보는 설교를 해 달라는 요청을 받았다. 워싱턴 D.C.에서 꿈에 대한 유명한 연설을 했던 마틴 루터 킹에게 마땅히 실례가 되겠지만, 나는 나 자신의 꿈으로 그 설교를 끝맺었다.

나에게는 교회에 대한 꿈이 있습니다. 그것은 **성경적 교회**로서,
모든 점에서 성경에 나타난 하나님의 계시에 충성하고,
목사들은 성실하고 적실하게 성경을 해석함으로써 모든 교인이
  그리스도 안에서 성숙한 모습으로 자라게 하고자 노력하고,
사람들은 하나님의 말씀을 사랑하고,
  그 말씀을 순종과 그리스도를 닮은 삶으로 장식하고,
모든 비성경적 강조점에서 보호되며, 삶을 통해
  성경적 균형의 건강함과 아름다움을 드러내는 교회입니다.
나에게는 **성경적** 교회에 대한 꿈이 있습니다.

나에게는 교회에 대한 꿈이 있습니다. 그것은 **예배하는 교회**로서,
사람들이 하나님을 만나고 예배하기 위하여 함께 모이고,
하나님이 늘 그들 가운데 계시다는 것을 알고,
  매우 겸손하게 그분 앞에 엎드리고,
주 예수님의 식탁으로 정기적으로 자주 나와서,
  십자가에서 이루어진 그분의 위대한 구속 행위를 찬양하고,
음악적 재능으로 예배를 풍성하게 하고,
기도를 믿으며, 기도 가운데 하나님을 붙들고,
일요일 예배와 기도 모임에서뿐 아니라 가정과 주중의 일과
  일상적인 삶에서도 예배가 나타나는 교회입니다.
나에게는 **예배하는** 교회에 대한 꿈이 있습니다.

나에게는 교회에 대한 꿈이 있습니다. 그것은 **돌보는 교회**로서,
회중은 여러 인종, 나라, 연령, 사회적 배경으로 구성되어
　　하나님의 가족의 하나됨과 다양성을 드러내고,
따스하고 환영하는 분위기에서 교제하며,
　　분노나 이기심이나 질투나 교만으로 훼손되지 않고,
교인들은 순수한 마음으로 뜨겁게 서로 사랑하고,
　　서로 참고, 서로 용서하고, 서로의 짐을 지고,
외로운 사람에게는 우정을, 약자에게는 도움을 주고,
　　사회에서 멸시받고 거절당한 사람들을 품어 주고,
사랑, 곧 매력적이고 쉽게 전이되고 거역할 수 없는
　　하나님의 사랑이 세상 밖으로 흘러 넘치는 교회입니다.
나에게는 **돌보는** 교회에 대한 꿈이 있습니다.

나에게는 교회에 대한 꿈이 있습니다. 그것은 **섬기는 교회**로서,
그리스도가 종이심을 알고,
　　자신 역시 종이 되라는 그분의 부르심을 듣고,
이기심으로부터 구속되고, 안으로부터 바깥으로 방향을 바꾸어
　　이타심을 갖고 자신을 드려 타인을 섬기고,
교인들은 그리스도의 명령에 복종하여 세상 속에서 살고,
　　세속 사회로 스며들고, 이 땅의 소금과 세상의 빛이 되고,
사람들은 예수님의 복음을 친구들과
　　단순하게, 자연스럽게, 열심히 나누고,
자신의 교구, 곧 거주자와 노동자, 가족과 독신자, 자국민과 이주자,
　　노인과 어린아이들을 부지런히 섬기고,

사회의 변화하는 필요들에 유의하고, 더 유용하게 섬기기 위하여
  프로그램을 융통성 있게 조정하는 민감함과 탄력성을 지니고,
세계적인 비전을 품고,
  젊은이들에게 그들의 삶을 섬김의 일에 드리도록
  끊임없이 도전하며,
  섬김을 위하여 끊임없이 사람들을 보내는 교회입니다.
나에게는 **섬기는** 교회에 대한 꿈이 있습니다.

나에게는 교회에 대한 꿈이 있습니다. 그것은 **기다리는 교회**로서,
교인들은 자신이 이 땅에서 이방인이요 순례자임을 기억하기에
  물질적 풍요나 편안함 속에 결코 머물지 않고,
주님이 다시 오실 것을 기다리고 고대하기에
  더욱더 충성스럽고 적극적이고,
어둡고 절망적인 세상 속에서
  기독교적 소망의 불꽃을 계속 타오르게 하고,
그리스도의 날에 부끄러움으로 그분을 피하지 않고,
  즐거이 일어나 그분을 맞이하는 교회입니다.
나에게는 **기다리는** 교회에 대한 꿈이 있습니다.

살아 있는 교회에 대한 나의 꿈은 이런 것이다. 우리 모두가 이 꿈을 공유하기를, 그리하여 하나님 아래서 그 꿈이 실현되기를 기도한다!

(1974년 11월 24일)

부록Ⅲ 어느 여든 살 노인의 묵상

2001년 4월 27일, 나는 여든 번째 생일을 맞았다. 나이 먹은 사람들의 몹쓸 습성 중 하나는 자주 추억에 잠긴다는 점이다. 우리는 자신을 불운한 피해자로 삼고 기억의 짐을 지우며 괴롭히기를 즐기는 것 같다. 그러므로 이 부록에서 인칭 대명사가 너무 자주 튀어나오고, 여든 살 노인의 세 가지 확신이 변변치 못하더라도 부디 너그러이 받아 주기 바란다.

첫째는 **우선순위**(priorities)에 대한 확신이다. 나는 스물아홉 세상 물정 모르는 나이에 올 소울즈 교회의 교구목사로 임명받았다. 그런 중책을 감당하기에는 너무 어리고 경험이 없었기 때문에, 얼마 지나지 않아 나는 모든 것에 압도되어 버렸다. 하루가 멀다 하고 긴급한 일들이 중요한 일들을 밀어냈고, 준비조차 되어 있지 않은 사건들이 나를 덮쳤다. 나는 목회자 특유의 악몽으로 고통에 시

달리기 시작했다. 설교단으로 올라가는 계단 중간쯤 이르렀을 때, 아뿔싸 설교 준비를 하지 않았음을 깨닫는 악몽을 꾸기도 했다. 거의 신경 쇠약에 걸릴 지경이었다.

그러다가 1950년대 초엽 어느 날, 나는 일일 목회자 수련회에 참석했다. 강사 중에는 오크힐 신학대학(Oak Hill Theological College)의 학장인 윌킨슨(L. F. E. Wilkinson) 목사가 있었다. 그의 강의에 대해 기억 나는 것은 아무것도 없고, 단 하나 구체적인 조언만 남아 있다. 그는 모든 목사는 한 달에 한 번 조용한 하루를 갖고, 교회와 교구를 즉시 떠나서, 하나님이 그를 하나님의 마음으로 끌어올리시게 하고, 모든 일을 하나님의 관점으로 보고, 중요한 것에 초점을 맞추고, 그에 따라 우선순위를 조정하라고 권했다.

이러한 상식적인 조언이 나에게는 하나님이 주신 메시지로 다가왔다. 그것은 내가 꼭 들어야 할 말이었기에, 나는 즉시 실천에 옮겼다. 집으로 돌아와서 나는 일정표에서 그 해의 나머지 기간 매월 하루를 정해 '조용하다'(quiet)는 의미로 'Q'라고 써 넣었다.

그 후, 'Q' 데이가 돌아오면, 나는 일찌감치 친구들의 집으로 가곤 했다. 그들은 나에게 방 하나를 내주고 식사 때마다 먹을 것을 가져다 주는 것 말고는 나를 혼자 있게 해주었다. 내 비서만이 비상 사태에 대비하여 내가 있는 곳을 알고 있었다. 나는 열 시간에서 열두 시간 정도 혼자 있는 시간을 확보했다.

나는 방해받지 않는 시간이 필요한 모든 일들, 즉 다음 몇 주와 몇 달 동안을 계획하고, 내가 어디로 가고 있는지 또 무엇을 준비해야 하는지를 점검하며, 고치기 어려운 문제에 대해 기도하고, 교회 정책과 프로그램에 대해 깊이 생각하고, 어려운 편지를 기안하며, 연속 설교 개요를 짜고, 글을 쓰고, 특히 조용히 있으면서 하나님의 뜻을 찾고 하나님의 관점을 분별하는 일들을 월간 'Q'데이에 해결하려고 남겨두곤 했다.

이렇듯 짧지만 신중하게 정리할 시간을 가짐으로써, 내 삶과 사역은 구원을 받았다고 분명히 말할 수 있다. 책임에서 오는 부담이 가벼워졌다. 해야 할 일들이 여전히 버거웠지만, 압도당하지는 않았다. 실제로 월간 'Q'데이가 너무나 값진 시간이었기 때문에, 나중에는 특별히 바쁠 때면 2주에 한 번 심지어는 매주 한 번 'Q'데이를 가지게 되었다.

둘째, **순종**(obedience)에 대한 확신을 나누고자 한다. 내가 가장 좋아하는 성구 중 하나는 예수님의 말씀인 요한복음 14:21이다. "나의 계명을 지키는 자라야 나를 사랑하는 자니, 나를 사랑하는 자는 내 아버지께 사랑을 받을 것이요, 나도 그를 사랑하여 그에게 나를 나타내리라."

이 구절은 특별히 귀중한 약속으로 끝을 맺는다. '그에게(혹은 그녀에게) 나를 보여 줄 것이다', 혹은 '그에게 나를 나타낼 것이다.' 이것이 바로 우리가 열망하는 것, 즉 그리스도에 대한 더욱 명확한 비전 아닌가? 때때로 우리는 그분의 존재를 의식하지 못하고, 눈이 흐릿해지곤 한다. 다소 구식인 다음 기도문을 알고 있는 사람이 있을지 모르겠다.

주 예수여, 당신을 저에게 알려 주소서,

살아 계시고 밝게 빛나는 당신의 존재를.
신앙의 예리한 눈에는 더욱 생생히 나타나시네,
우리 눈에 보이는 주위의 어떤 대상보다도.
더욱 사랑스럽고, 더욱 친밀하게 가까이 다가오시네,
가장 감미로운 이 땅의 어떤 인연보다도.

그러나 예수님의 이 약속은 조건적이다. 그분은 사랑하시는 사람들에게만 자신을 계시하신다. 그러면 그분이 사랑하시는 사람들은 누구인가? 사랑한다고 큰 소리로 단언하지만 정작 베드로처럼 밖으로 나가서 예수님을 부인하는 사람들은 아니다. "예수 사랑해요" 하고 다분히 감성적인 노래를 부르는 사람들도 아니다. (다 좋다. 나도 그런 노래들을 부르니 말이다. 그러나 그 노래들은 아무것도 입증해 주지 않는다.) 그런 것이 아니다. 주 예수님을 진정으로 사랑하는 사람들은 그분의 계명에 순종하는 자들이다.

요약해 보면, 사랑의 시금석은 순종이고, 사랑의 보상은 그리스도가 자신을 나타내시는 것이다.

세 번째 확신은 **겸손**(humility)이다. 자만심으로 이끄는 간교한 유혹보다 더 강력하고 교활한 유혹은 없다. 목회자들을 비롯한 교회 지도자들은 특별히 이 유혹에 넘어가기 쉽다. 우리는 항상 남의 주목을 끌고 있기 때문이다. 우리의 높은 설교단은 아담의 자손 누구의 마음이라도 끌어들이는 위험한 장소다. 우리의 리더십은 쉽사리 독재나 사람을 기쁘게 하는 쪽으로 타락할 수 있다. 우리는 예수님이 세상에 소개하신 새로운 방식의 섬김의 리더십을 지속적으로 기억할 필요가 있다.

예수께서 불러다가 이르시되, 이방인의 집권자들이 그들을 임의로 주관하고 그 고관들이 그들에게 권세를 부리는 줄을 알거니와, 너희 중에는 그렇지 않을지니 너희 중에 누구든지 크고자 하는 자는 섬기는 자가 되고 너희 중에 누구든지 으뜸이 되고자 하는 자는 모든 사람의 종이 되어야 하리라(막 10:42-44).

신약학자 맨슨(T. W. Manson)은 이렇게 요약했다. "하나님의 나라에서 섬김은 고귀한 지위에 이르는 디딤돌이 아니다. **섬김 자체**가 고귀한 것이며, 그것은 인정받을 만한 유일한 고귀함이다."

어떻게 그럴 수 있는가? 내가 배운 한 가지는 겸손이 위선의 동의어가 아니라는 것이다. 더 정확히 말하자면, 겸손은 정직을 이르는 또 다른 단어다. 겸손은 우리 자신이 아닌 척 가장하는 것이 아니라, 우리 자신의 진실을 인정하는 것이다.

캔터베리의 대주교였던 마이클 램지는 한 서품식날 저녁에, 서품받는 이들에게 겸손에 대한 지혜롭고 감동적인 말씀을 전했다.

(1) 하나님께 자주 그리고 항상 감사하십시오.…마음을 다해서 그리고 경탄하면서, 하나님께 감사하십시오. 여러분에게 이러한 특권을 계속 허락해 주셨으니 말입니다.…감사야말로 자만심이 쉽게 자라나지 못할 토양입니다.

(2) 죄를 고백하는 일을 중요하게 여기십시오.…반드시 하나님 앞

에서 자신을 비판하도록 하십시오. 이것이 바로 여러분이 가져야 할 자기 반성입니다. 하나님의 비판에 자신을 맡기십시오. 이것이 바로 여러분의 고백입니다….

(3) 굴욕을 받아들이겠다고 각오하십시오. 그럴 때 마음이 심히 상할 수 있지만, 겸손해질 수 있습니다. 작은 굴욕이 있을 수 있습니다. 받아들이십시오. 좀더 큰 굴욕이 있을 수 있습니다.…이 모든 굴욕을 통해 여러분은 겸손히 십자가에 달리신 우리 주님께로 좀더 가까이 나아갈 기회를 많이 얻을 수 있습니다.

(4) 지위에 대해 염려하지 마십시오.…우리 주님이 관심을 가지라고 분부하신 단 하나의 지위가 있는데, 그것은 다름 아닌 예수님께 가까이 나아가는 지위입니다….

(5) 유머 감각을 지니십시오. 벌어지는 일들을 웃어 넘기고, 인생의 부조리를 웃어 넘기고, 여러분 자신과 자신의 부조리에 대해 웃어 넘기십시오. 우리는 모두 하나같이 하나님의 우주 안에서 너무나 작고 가소로운 피조물입니다. 진지해야 하지만 결코 근엄해지지는 마십시오. 여러분이 무엇에 대해 근엄해지면, 여러분 자신에 대해서도 근엄해질 위험이 있기 때문입니다.[1]

결론적으로, 겸손은 그리스도의 십자가에서 자라난다. 에밀 브루너(Emil Brunner)가 썼듯이, 다른 종교들은 신 앞에서 벌거벗고 파산 선고하는 궁극적인 굴욕에 처하게 하지는 않는다. 사도 바울의 선언을 진정 내 것으로 만드는 것이 나의 가장 큰 열망이다.

그러나 내게는 우리 주 예수 그리스도의 십자가 외에 결코 자랑할 것이 없으니, 그리스도로 말미암아 세상이 나를 대하여 십자가에 못 박히고 내가 또한 세상을 대하여 그러하니라(갈 6:14).

(2001년 4월 27일)

주

머리말: 새롭게 나타나는 교회들

1) *What is the Spirit Saying…? A Report from the National Evangelical Anglican Celebration 1988*, pp. 8-9.
2) 예컨대, *Mission-Shaped Church*는 "변화하는 상황 속의 교회 개척과 교회에 대한 새로운 발상들"이라는 부제를 달고 있다(Church House Publishing, 2004).
3) *Emerging Churches*, pp. 43-45.
4) *Mission-Shaped Church*, p. vii.
5) 내가 Mark Dever의 *Nine Marks of a Healthy Church*(Crossway, 2004)를 접한 것은 이 책을 마치고 난 후였다. 그의 접근법이 나와 유사하고 상호 보완적임을 알게 되어 기쁘다.

1. 교회의 본질: 교회에 대한 하나님의 비전

1) *The Lambeth Conference 1958*(SPCK, 1958), 제2부, p. 5.

2. 예배: 하나님의 성호를 자랑함

1) 이 보고서는 1974년부터 1989년까지 있었던 로잔 운동에서 나온 역사적 선교 문서들인 *Making Christ Known*(Paternoster Press, 1996), pp. 57-72에서 찾을 수 있다.
2) Malcolm Muggeridge, *Jesus Rediscovered*(Fontana Collin, 1969), p. 42.

3. 전도: 지역 교회를 통한 선교

1) *The Truth Shall Make You Free: The Lambeth Conference 1998* (Anglican Consultative Council, 1988), pp. 35, 43, 231를 보라.
2) 나는 Michael Green의 방대한 책 *Evangelism through the Local Church*(Hodder & Stoughton, 1990)를 독자들에게 참고용으로 기쁘게 추천한다. 이 책에는 머리와 가슴과 손이 온통 지역 교회의 복음 전도 사역에 헌신된 사람으로부터 나온 거의 600쪽에 이르는 신학적, 개인적, 실제적 지침들이 있다.
3) *Essays in Liberality*(SCM, 1957), 제5장.
4) Michael Ramsey, *Images Old and New*(SPCK, 1967), p. 14.
5) *The Church for Others*(WCC, 1967), pp. 7, 18-19.
6) Richard Wilke, *And Are We Yet Alive?*(Abingdon, 1986).
7) *Faith in the City*(Church House, 1985).
8) A. M. Hunter, *The Unity of the New Testament*(SCM, 1943), p. 7.
9) John Poulton, *A Today Sort of Evangelism*(Lutterworth, 1972), pp. 60-61, 79.
10) 예컨대, 시 115:2을 보라.
11) 예컨대, 시 115:4-7.

4. 사역: 열둘과 일곱

1) 겔 3, 33장을 보라.
2) Richard Baxter, *The Reformed Pastor*(reprint Epworth Press, 1939), pp. 121-122. 「참 목자상」(생명의말씀사 역간).

5. 교제: 코이노니아의 의미

1) 예컨대, 롬 16:3-5; 몬 1, 2장.
2) Leslie F. Church, *The Early Methodist People*(Epworth, 1948), p. 155 에서 인용.
3) Church, 앞의 책, p. 153에서 인용.
4) J. S. Simon, *John Wesley and the Methodist Societies*(1923)에서 인용.

6. 설교: 다섯 가지 역설

1) S. C. Neill, *On the Ministry*(SCM, 1952), p. 74.
2) Donald Coggan, *Stewards of Grace*(Hodder, 1958), p. 46.
3) J. C. Ryle, *Principles for Churchmen*(4th ed. Revised 1900), pp. 165-166.
4) Chad Walsh, *Campus Gods on Trial*(Macmillan, 1962), p. 95.
5) 신 5:23 이하에 대한 그의 주석으로부터.
6) C. H. Spurgeon, *An All-round Ministry*(1900, Banner, 1960), p. 236.
7) Phillips Brooks, *Lectures on Preaching*(1877, Baker 1969), pp. 159-160.
8) C. H. Spurgeon, *The Soulwinner*(Pilgrim Publications, 1978), p. 98.
9) D. M. Lloyd-Jones, *Preaching and Preachers*(Hodder, 1971), p. 97. 「설교와 설교자」(복있는사람 역간).

7. 연보: 열 가지 원리

1) 본 장의 자료는 1988년 캘리포니아 주 샌디애고에서 있었던 "집회"(The Gathering)에서 처음으로 강해한 것이다. 그 후 런던 랭햄 플레이스의 올 소울즈 교회에서 설교했고, 그런 다음 두 곳에서 출판되었다. 미국의 Generous Giving에서 *Stott on Stewardship*이란 제목의 소책자로 출판되었고, 뒤이어 영국의 International Fellowship of Evangelical Students와 Langham Partnership International에서 *The Grace of Giving*이란 제목으로 출판되었다.
2) *Making Christ Known*(Paternoster, 1996), p. 82.
3) 예컨대, 엡 3:1-9을 보라.

8. 영향력: 소금과 빛

1) K. S. Latourette, *A History of the Expansion of Christianity*, Vol. 7 (Eyre and Spottiswoode, 1945), p. 503.
2) J. V. Taylor의 CMS Newsletter No. 360 (May 1972)에 실린 *Calcutta*에 대한 그의 서평으로부터.
3) Martin Luther King, *Strength to Love*(Collins, 1963), p. 34.
4) Martin Luther King, *Stride Forward Freedom: The Montgomery Story* (Harper and Row, 1958), p. 198.
5) Robert Bellah, *Psychology Today*(January, 1976)와의 대담에서.
6) 1870년에 처음 출판됨.

부록 I

1) *John Stott: A Global Ministry*(IVP, 2001), pp. 65-71에 실린 Timothy Dudley-Smith의 주의 깊은 설명을 참고하도록 추천한다(총 두 권으로 이루어진 존 스토트의 전기 제2권으로서, 제1권은 한국 IVP에서「존 스토트: 탁월한 복음주의 지도자」란 제목으로 출판되었으며, 제2권은 출간 예정이다—역주).
2) Ronald Knox, *Essays in Satire*(Sheed & Ward, 1928).
3) Alec Vidler, *Essays in Liberality*(SCM, 1957).
4) Max Warren, *I Believe in the Great Commission*(Hodder and Stoughton, 1979).

부록 III

1) Michael Ramsey, "Divine Humility", ch. 11 in *The Christian Priest Today*(1972, new rev. ed. 1988, SPCK), pp. 79-81.

옮긴이 신현기는 연세대학교에서 사회학을, 캐나다 리젠트 칼리지에서 실천신학을 공부했다. 한국 IVP 대표를 역임했으며, 「기도-하나님과의 우정」, 「1세기 교회 예배 이야기」, 「1세기 그리스도인의 하루 이야기」, 「1세기 그리스도인의 선교 이야기」(이상 IVP) 등을 번역하였다. 문서 운동, 일상 생활, 평신도 운동, 직업과 소명 등에 관심이 많다.

살아 있는 교회

초판 발행_ 2009년 5월 25일
초판 14쇄_ 2024년 2월 5일

지은이_ 존 스토트
옮긴이_ 신현기
펴낸이_ 정모세

펴낸곳_ 한국기독학생회출판부
등록번호_ 제2001-000198호(1978.6.1)
주소_ 04031 서울시 마포구 동교로 156-10
대표 전화_ (02)337-2257 팩스_ (02)337-2258
영업 전화_ (02)338-2282 팩스_ 080-915-1515
홈페이지_ http://www.ivp.co.kr 이메일_ ivp@ivp.co.kr
ISBN 978-89-328-1112-3

ⓒ 한국기독학생회출판부 2009

책값은 뒤표지에 있습니다.
무단 전재와 복제를 금합니다.